LEVEL UP GOLF GUIDE

PGA 공식 매뉴얼을 입체적으로 재해석한
절대스윙의 비법 공개!

레벨업 골프 가이드

레벨업 골프 가이드
LEVEL UP GOLF GUIDE

2018년 4월 25일 1판 1쇄 발행

저자	박영진, 김근환, 박용면, 조현호, 홍건, 박성진, 범철호, 정성한, 송상규, 김종인, 하정훈
발행인	김중영
발행처	오성출판사
주소	서울시 영등포구 양산로 178-1
전화	02.2635.5667~8
팩스	02.835.5550
등록	1973년 3월 2일 제13-27호
ISBN	978-89-7336-789-4 13690

정가 22,000원
www.osungbook.com

* 파본은 구입처에서 교환하실 수 있습니다.
* 독창적인 내용의 무단 전재, 복제를 절대 금합니다.

LEVEL UP GOLF GUIDE

레벨업 골프 가이드

골프 주요 용어

A

가속(acceleration) 스윙을 진행하면서 헤드를 점점 가속시키는 것
어드레스(address) 플레이어가 볼을 치기 위하여 발의 위치를 정하고 클럽헤드를 지면에 놓아 둔 채로 있는 상태를 말한다.
정렬(alignment) 조준선 정렬로서, 목표를 향해 몸과 클럽페이스를 맞추는 것
어프로치 샷(approach shot) 그린 주변에서 핀을 겨냥해 시도하는 샷
자율신경계(autonomic nervous system) 대뇌의 조절 없이 사람 몸의 기능을 독자적으로 조절하는 작용을 하는 말초 신경 다발을 일컫는다. 이러한 자율신경계의 작용은 인간의 혈액순환, 신진대사, 호흡 및 체온 등을 조절한다.

B

백스윙(back swing) 클럽헤드를 뒤로 들어 올리는 동작을 말한다.
백스윙 탑(back swing top) 클럽이 완전히 백스윙을 한 상태에서 다운스윙으로 바뀌는 정점을 말한다.
블록(block) 다운스윙 시 팔, 몸, 허리 또는 클럽의 회전을 지나친 근육의 긴장 때문에 방해하거나 늦추는 행위
브레이크(break) 경사나 굴곡으로 인해 볼이 굴러가다가 휘어지는 라인이나 지점을 의미
탈진 증후군(burn out syndrome) 탈진 증후군은 연소 증후군이나 소진 증후군으로 불리기도 한다. 스포츠에서 이 용어에 대한 정의는 운동에 대한 극도의 스트레스로 인해 몸과 마음의 기력이 소진되고, 심할 경우 운동을 중도에 그만두게 되는 원인이기도 하다.
범프 앤 런(bump and run) 그린 주변의 경사지에 볼을 떨어뜨려서 볼의 속도를 줄인 다음, 홀 컵 근처에 접근시키는 샷

C

캐리(carry) 공중에서 볼이 비행하는 거리

치킨 윙(chicken wing) 포워드 스윙(전방스윙, forward swing)을 할 때 오른팔의 팔꿈치를 구부리거나 꺾어서, 오른팔이 몸의 측면 바깥 방향으로 향하는 현상

치프 엔 런(chip and run) 그린 주변이나 가장자리에서 낮은 궤적으로 굴려 보내는 샷으로 볼이 떠 있는 시간보다 굴러가는 시간이 더 길다.

쵸크 다운(choke down) 클럽의 컨트롤을 위해 좀 더 그립의 밑부분을 잡는 것을 의미

뒷땅(chunking) 클럽헤드가 볼을 치기 전에 부분적으로 땅을 먼저 치는 샷으로 볼의 나아가는 거리가 줄어드는 것

클리어링 더 레프트 사이드(clearing the left side) 팔 동작이 자연스럽게 진행되게 하기 위해 왼쪽 엉덩이와 몸을 목표 왼쪽으로 돌리는 동작

콕트 리스트(cocked wrists) 왼쪽 손목을 옆으로 굽히고(왼쪽 엄지손가락 쪽) 오른쪽 손등이 경첩처럼 움직이는 동작(오른손의 손등이 팔 위쪽으로 향함)

반발계수(coefficient of restitution) 클럽헤드의 반발계수(COR: 0.83 이하)

콤프레션(compression) 볼의 압축강도를 말하며 볼의 표피를 일정한 깊이(2.5mm)로 압축할 때 필요한 무게(kg)로 수치를 표기한다.

집중력(concentration) 무엇인가에 자신의 마음이나 주의를 쏟는 행위나 능력을 의미한다. 스포츠 현장에서 자신에게 주어진 과제에 대한 높은 집중력은 자신감으로 이어질 가능성이 높으며, 나아가 경기력 향상에 도움을 주게 된다.

D

데드 리스트(dead wrists) 샷을 하기 위해 손목이 뒤로 젖혀지거나 풀어지지 않고, 오히려 고정된 채로 있는 상태를 의미

감속(deceleration) 움직이는 물체의 속도가 줄어드는 것으로, 골프에서는 일반적으로 클럽헤드의 속도가 줄어드는 것을 의미한다. 이는 임팩트가 일어나기 전 중대한 오류이다.

딜레이드 히트(delayed hit) 손목의 코킹을 최대한 늦추어 클럽헤드의 각 운동량을 높이기 위한 방법

딤플(dimple) 골프볼의 표면에 있는 분화구 형태의 홈을 말하며 양력을 발생시키고 항력을 감소시켜 비거리를 증가시키는 역할을 한다.

디보트(divot) 샷을 할 때 골프클럽이 들어낸 잔디조각 자국

다운스윙(down swing) 백스윙 탑에서 임팩트까지 국면을 뜻한다.

드로우(draw) 볼의 방향이 오른쪽에서 왼쪽으로 약간 휘어지는 것으로 fade의 반대말

동적균형(dynamic balance) 골프 스윙 도중에 몸의 중심이 적절히 움직이는 것을 의미한다.

E

얼리 히트(early hit) 플레이어가 포워드 스윙에서 손목코킹을 먼저 풀어 임팩트 순간 속도가 줄어드는 현상(delayed hit의 반대)

정서(emotion) 심리학자들은 정서라는 용어와 관련해 일관된 정의를 내리지 못하고 있으나, 대체로 단시간에 느끼는 인간의 여러 가지 감정이나 기분을 의미하는 것에 동의하고 있다. 정서의 예로는 기쁨, 즐거움, 놀람, 공포, 분노, 우울, 좌절 등이 있다.

지구력(endurance) 일정한 작업을 장시간 계속할 수 있는 능력. 작업량이나 시간의 길이는 그 작업의 내용에 따라 결정된다. 이 능력에는 육체적인 조건뿐만 아니라 의지력 등 심리적 영향도 크다. 체력의 요인 중 중요한 부분이다.

F

페이드(fade) 볼의 방향이 왼쪽에서 오른쪽으로 약간 휘어지는 것으로 draw의 반대말

팻 샷(fat shot) 클럽헤드가 볼을 치기 전 지면을 먼저 치는 샷

유연성(flexibility) 일반적으로 유연성의 크기는 관절의 가동 범위에 의해서 결정된다. 유연성이 높아질수록 특정 동작 범위 내에서의 재빠른 피하기, 발차기, 거리 조절 등 기능이 향상된다. 유연성 증대를 위한 연습에 있어서 대체로 주의할 것은 선수는 준비운동(워밍업)을 충분히 해야 한다

피니쉬(finish) 스윙의 완료 동작

오감(five senses) 기본적으로 인간은 5가지의 감각을 갖고 있는데 시각의 감각기관은 눈, 청각의 감각기관은 귀, 후각의 감각기관은 코, 미각의 감각기관은 혀, 촉각의 감각기관은 피부로 구성된다. 스포츠 현장에서 이러한 다섯 가지의 오감은 자신이 직접 경기를 하는 상을 머릿속에 떠올리거나 관찰자 입장에서 자신의 수행 모습을 직접 그리는 심상 훈련을 하는 데 많은 도움이 된다.

플랜지(flange) 샌드웨지나 퍼터의 뒷부분과 같이 클럽의 지면이 튀어나온 부분을 의미 또는 그린 주변에 그린보다 약간 길게 자른 부분

플라이어(flier) 볼과 클럽페이스 사이에 긴 풀이나 물이 끼어서 백스핀이 줄어들고 볼의 탄도가 낮아지면서 볼이 더 많이 갈 수 있는 상황

플럿트 샷(flot shot) 손목에 힘을 빼고 가파른 백스윙으로 올라갔다가 천천히 가파르게 내려오면서 클럽헤드가 볼 밑으로 미끄러지듯 들어가 띄우는 샷

팔로우 스루(follow through) 볼을 치고 난 후에 클럽헤드가 목표를 향해 앞으로 나가는 것을 말한다.

포어(fore) 전방에 플레이어나 관객에게 주의하라고 알리는 소리를 말한다.

포워드 스윙(forward swing) 탑에서 피니쉬로 향하는 것으로 클럽을 앞쪽으로 휘두르는 동작.

포워드 프레스(forward press) 플레이어가 볼을 멀리 보내기 위해 손과 팔 또는 신체의 다른 부분을 백스윙 전에 앞으로 움직이는 동작

F 프라이드 에그(fried egg) 볼이 낙하함과 동시에 벙커에 묻혀 있는 상태

G 그레인(grain) 퍼팅 그린 위에서 자라는 잔디의 방향 혹은 잔디결을 의미한다.
그루브(groove) 샷의 일관성을 높이기 위해 일련의 동작을 연습함으로써 패턴이나 길을 만드는 것. 또는 클럽페이스에 있는 일정한 간격으로 파인 홈을 말한다.

H 핸디캡(handicap) 핸디캡이란 골프 실력이 다른 플레이어들이 공정한 입장에서 경기할 수 있도록 실력을 수치로서 평가하여 표시하는 것이다. 즉, 실제 스코어와 코스에서 산출된 기준 타수의 차이가 바로 핸디캡으로, "코스의 기준 타수보다 많이 치는 타수"를 뜻한다.
핸드퍼스트(hand first) 클럽을 잡은 양손이 볼보다 앞쪽으로 나가 있는 상태를 말한다.

I 임팩트(impact) 클럽헤드가 볼에 접촉되는 시점을 말한다.
인플레이(in play) 플레이중인 볼. 플레이어가 티 그라운드에서 볼을 스트로크하여 홀인하였을 때 까지 상태를 말한다.
IP(intersection point) 홀의 설계상 티샷의 낙하지점으로 일반적으로 티에서 230~250미터 지점으로 정한다. IP지점 근처에 페어웨이는 다른 곳보다 넓게 설정된다.

L 레이트 히트(late hit) "딜레이트 히트(delayed hit)"를 설명하는 잘못된 명칭
레이 오프(lay off) 스윙면이 너무 낮아서(플랫) 백스윙 탑에서 클럽헤드가 타겟 왼쪽을 가리키고, 클럽페이스가 닫히는 현상
레이 업(lay up) 장애물을 벗어나기 위해 의도적으로 타겟보다 짧게 치는 샷
리커트 척도법(likert scale method) 리커트 척도법은 각종 사회심리학 분야의 조사에서 널리 사용되고 있는 것으로, 응답자가 제시된 문장에 대해 얼마나 동의하고 있는지를 알아보는 데 사용된다. 그러므로 응답자들 간의 개인적 차이를 조사할 수 있다. 일반적으로 5단계 척도를 가장 많이 사용하게 되는데 응답은 1점 = '전혀 그렇지 않다'부터 5점 = '매우 그렇다'로 구성된다.
로브 샷(lob shot) 짧고 높은 궤도 샷(trajectory shot)으로 볼은 부드럽게 낙하하여 앞으로 조금 굴러간다.

M 마커(marker) 1. 스트로크 플레이의 경기자의 스코어를 기록하기 위해 위원으로부터 선임된 사람을 말한다. 2. 볼을 집어들 때 그 위치를 표시하기 위해 놓는 동전이나 납작한 물건 등을 말한다.
근력(muscular strength) 근육 수축에 의하여 생기는 근육의 힘을 말한다.

O

원-피스-테이크어웨이(one-piece takeaway) 팔과 손, 손목이 어드레스 자세에서의 상호 위치를 유지하면서 다같이 백스윙을 시작하는 것

P

피치 엔 런(pitch-and-run) 볼을 의도적으로 띄워서 굴리는 샷

플럼 밥(plumb bob) 퍼터를 수직으로 세워서 좌우 경사를 파악하여 볼이 그린 위에서 굴러가는 방향을 결정하는 방법

파워(power) 단위 시간당 작업의 양을 가리킨다. 작업비율(P)은 다음과 같이 구할 수 있다. P = 작업량 / 시간 = 힘 * 속도 (kg·m/sec) 그 밖에 마력(horse power ; H.P.), 와트(watt ; W)도 단위로 쓰인다.

프리샷 루틴(pre-shot routine) 플레이어가 스윙을 하기 전 클럽을 선택한 후 스윙을 위한 일련의 준비 동작

점진적 이완기법(progressive relaxation technique) 점진적 이완기법이란 긴장이나 경련된 근육 부위를 의도적인 수축과 이완을 통해 긴장된 상태에서 이완된 상태로 바꾸어 주는 것을 말한다. 이러한 점진적 이완훈련에는 발가락, 다리, 손과 팔, 몸, 목 등의 부위가 포함된다.

펀치 샷(punch shot) 클럽헤드가 볼을 짓눌러 손의 동작을 멈추면서 follow를 적게 취함으로서 낮은 탄도로 보내는 샷

R

이완(relaxation) 우리의 몸과 마음이 과도한 긴장 상태에서 벗어나 힘이 빠지고 편안한 상태를 유지하는 것을 말한다.

릴리즈(release) 백스윙 동안 만든 운동 에너지를 포워드 스윙 시 클럽을 잘 전달해서 클럽 페이스가 임팩트 시 스퀘어하게 만드는 것

역채점(reverse-coding) 설문지에서 역채점의 문항은 응답자들이 질문을 자세히 읽지 않고 대답하는 것을 가려내는 것으로, 일반적인 문항과 비교해 정반대로 채점을 하게 된다. 예를 들어 분석을 실시하기 위해 코딩을 실시할 경우 5점 리커트 척도를 기준으로 1점은 5점으로, 2점은 4점으로 바꾸어 주면 된다.

리페어(repair) 코스나 그린 등을 손질하여 수선하는 것을 말한다.

리버스 웨이트 쉬프트(reverse weight shift) 역체중 이동 현상

롤 오버(roll over) 포워드 스윙에서 양쪽 전완이 회내·회외하는 것을 말한다.

S

자기 대화(self-talk) 자기 대화는 인지행동치료(cognitive behavioral therapy)를 위해 사용하기 시작했다. 즉, 자기 대화는 자신에게 일어나는 모든 상황에서 감정을 조절하기 위해 자기 자신과 대화하는 것을 말한다.

S

세퍼레이션(separation) 몸, 팔, 다리가 싱크(sync) 또는 자세에 벗어나 인접한 부분과의 관련 자세가 흐트러졌을 때를 말한다.

생킹(shanking) 볼이 클럽 호젤(hosel)부분에 맞아 오른쪽으로 가는 샷

슬럼프(slump) 슬럼프는 고원현상(plateau: 더 이상 실력이 늘지 않고 정체된 현상)과는 달리 운동에 대한 의욕이나 결과가 부진 상태로 접어들게 되면서 경기력이 평소에 비교해 저하된 시기를 일컫는다.

스트레칭(stretching) 스트레칭은 신체 부위의 근육이나, 건, 인대 등을 늘여 주는(신전시키는) 운동으로 관절의 가동 범위 증가, 유연성 유지 및 향상, 상해 예방 등의 도움이 된다.

스트롱그립(strong grip) 일반적인 그립의 방법보다 시계 방향으로 돌려 잡는 그립을 의미

스웨잉(swaying) 백스윙 또는 포워드 스윙에서 몸동작이 지나치게 좌우로 움직임을 일컫는다.

스위트 스폿(sweet spot) 클럽페이스의 중심점으로, 볼을 가장 멀리 칠 수 있는 부분

T

테이크어웨이(takeaway) 백스윙의 시작 부분으로 클럽샤프트가 지면과 수평이 되었을 때 타깃라인과 평행을 유지한 상태를 말한다.

템포(tempo) 스윙의 빠름과 느림을 말한다.

타이밍(timing) 동작의 순서

톱트 샷(topped shot) 볼의 중앙선이나 수평축 위를 치는 샷

트레이닝(training) 운동 자극에 대한 인체의 적응을 이용하여 인체의 형태 및 기능을 보다 높은 수준으로 발육·발달시키는 계획적 과정.

트랜지션(transition) 골프 스윙의 방향 전환으로, 백스윙에서 다운스윙으로 방향을 바꾸는 것

V

비쥬얼라이제이션(visualization) 클럽을 스윙하기 전에 올바른 스윙이나 원하는 결과를 이미지를 그려 상상하는 것(정신적 이미지, 시각적 이미지)

W

위프(whiff) 헛치는 샷

Y

입스(yips) 우리의 신경에 영향을 주는 심리적 상태로, 플레이어가 손과 클럽을 통제하는 데 어려움을 겪는 경우이다.

머리말
PROLOGUE

　많은 남녀 골프 선수들의 국제경기 선전과 국내 골프 인구의 증가로 현재 한국 골프는 남녀노소가 즐길 수 있는 스포츠로 자리 잡아 가고 있으며 짧은 역사에도 불구하고 자타가 인정하는 골프 강국이 되었다. 골프 경기에서 좋은 스코어를 기록하기 위해서는 올바른 스윙과 장비의 선택, 강한 체력의 유지와 관리, 흔들리지 않는 심리상태 유지 등 여러 가지 요인이 필요하다. 따라서 본 저서에는 일반 골퍼들뿐만 아니라 선수들에게도 필요한 수준의 골프 스윙 분석과 처방, 체력 훈련방법, 심리 훈련방법 등의 전문적인 지식과 경험이 풍부한 전문가들이 각 분야를 깊이 있게 집필하였다.

　첫 번째 장에서는 골프를 처음 시작하는 사람을 위해 필요한 여러 가지 기초 스윙지식과 방법들을 서술하였다. 골프 스윙은 처음 배울 때 한번 몸에 익으면 동작을 교정하기 어렵고 오랜 시간이 걸리기 때문에 기초가 중요하다. 그 이유는 잘못된 스윙은 실력 향상에 어려움을 주며 신체상해에도 영향을 주기 때문이다.
　두 번째 장에서는 골프 스윙의 기본이 되는 원리와 이론들을 살펴보고 골프 스윙에서 잘못된 동작의 원인과 스윙 교정방법을 설명함으로써 보다 효과적으로 연습하고 지도할 수 있는 정보를 제시하였다.
　세 번째 장에서는 골프 경기에서 필요한 체력을 유지하고 향상시키기 위하여 스윙을 할 때 동원되는 각 근육들의 훈련방법을 인 시즌과 오프 시즌으로 나눠서 제시하였다. 골프에 필요한 체력 요소를 분석하고, 자신의 체력 수준을 평가하여 어떤 체력 요소가 훈련이 필요한지 파악할 수 있도록 평가 기준과 방법을 제시하였다. 그리고 고무 밴드, 각종 기구와 트레이닝 머신 등을 이용하여 재미있고 효과적으로 훈련하는 방법을 운동처방 이론(운동 종류, 강도, 반복횟수, 빈도)에 따라 구성하였다.

네 번째 장에서는 골프 선수들의 심리 상태의 측정방법을 설명하고, 골프 경기에서 필요한 심리 훈련방법으로 골프 경기력 향상에 도움이 되도록 하였다.

본 저서의 집필자들은 다년간의 골프 선수경력이 있을 뿐만 아니라 골프와 관련된 운동역학, 생리학, 트레이닝, 체육심리학 등의 영역에서 학문적인 역량과 실무경력을 겸비하고 있다. 따라서 단순히 자기만의 골프 철학이나 경험 등을 토대로 내용을 기술하지 않고 과학적인 이론에 근거하여 본 저서를 집필하는 데 노력하였다. 골프를 처음 시작하는 분들께도 쉽게 내용을 전달 할 수 있도록 많은 노력을 하였다.

골프를 시작하는 사람들과 경기력 향상을 위해 노력하는 많은 골퍼들뿐만 아니라, 골프를 지도하는 사람들에게도 도움이 되길 조심스럽게 기대해 본다.

끝으로 이 책의 출판에 남다른 관심과 도움을 주신 오성출판미디어 김대현 사장님께 감사를 드리고, 사진 촬영에 협조해주신 정성한·김지민·박주영 프로께 감사를 드립니다. 바쁜 삶 가운데도 여러 번의 회의와 집필, 수정 등의 작업에 동참한 모든 분들께 감사의 말씀을 전합니다.

2018년 봄 저자일동

CONTENTS

머리말   **010**

CHAPTER #1
초보자 매뉴얼

제 1 장 초보자 매뉴얼
1. 골프 경기방법   **018**
2. 골프연습장   **021**
3. 골프클럽 및 용품   **022**
4. 초보자를 위한 스윙 연습법   **026**
5. 기본 규칙   **038**

CHAPTER #2
골프 스윙

제 1 장 골프 스윙의 법칙과 원칙
1. 골프의 5대 법칙　　　　　　　　046
2. 14가지 원칙　　　　　　　　　　049

제 2 장 골프 스윙 분석과 연습법
1. 준비 단계　　　　　　　　　　　056
2. 백스윙　　　　　　　　　　　　068
3. 포워드 스윙　　　　　　　　　　076
4. 팔로우 스루　　　　　　　　　　087
5. 피니쉬　　　　　　　　　　　　087

제 3 장 퍼팅의 기본과 연습법
1. 그립　　　　　　　　　　　　　090
2. 셋업　　　　　　　　　　　　　091
3. 퍼팅 스트로크를 하는 방법　　　092
4. 퍼터의 선택　　　　　　　　　　094
5. 그린 읽기　　　　　　　　　　　095
6. 그 밖의 퍼팅 상 주의사항　　　　097

제 4 장 코스 공략법
1. 골프 코스의 이해　　　　　　　　099
2. 상황별 코스 공략　　　　　　　　106

제 5 장 골프 스윙 오류의 원인과 결과 및 수정　　　　　　　　　　111

제 6 장 연습방법　　　　　　　114

제 7 장 골프 티칭법　　　　　130

CHAPTER #3
트레이닝

제 1 장 골프 트레이닝 필요성

1. 유연성 트레이닝 중요성   **139**
2. 근력 트레이닝 중요성   **140**
3. 파워 트레이닝 중요성   **142**
4. 지구력 트레이닝 중요성   **143**

제 2 장 인 시즌 트레이닝 프로그램

제 3 장 오프 시즌 트레이닝 프로그램

제 4 장 트레이닝 평가방법

CHAPTER #4
심리 훈련

제 1 장 골프 심리 훈련의 개요
1. 심리 훈련의 중요성 — 186
2. 심리적 부분에 영향을 미치는 요소 — 186

제 2 장 불안
1. 불안의 개념 — 189
2. 불안의 유형 — 189
3. 스포츠 경쟁불안의 원인 — 191
4. 스포츠 경쟁불안의 측정 — 191
5. 불안 해소방법 — 194

제 3 장 자신감
1. 자신감의 개념 — 204
2. 자신감의 효과 — 204
3. 스포츠 자신감의 분류와 개념 모형 — 205
4. 스포츠 자신감의 측정 — 206
5. 스포츠 자신감 향상 전략 — 208

제 4 장 스포츠 탈진
1. 탈진의 개념 — 210
2. 탈진의 결과 — 211
3. 스포츠 탈진의 측정 — 211
4. 스포츠 탈진의 예방법 — 214

제 5 장 목표 설정
1. 목표의 개념 — 216
2. 목표 설정의 원리 — 216
3. 결과 목표와 수행 목표 — 217
4. 실제로 목표 설정하기 — 218

REFERENCES

CHAPTER 1
초보자 매뉴얼
BASIC MANUAL

제 1 장
초보자 매뉴얼

제 1 장

초보자 매뉴얼

1. 골프 경기방법

(1) 스트로크 플레이

스트로크 플레이는 라운드(1라운드 18홀)를 돌아 더 적은 타수로 마지막 홀을 홀인하는 플레이어가 승리하는 방식으로 현재 미국투어(PGA)와 국내투어(KPGA) 대부분 공식경기에서 이 방법을 채택하여 경기한다. 일반적으로 남자시합 같은 경우 72홀(4라운드)을 많이 하고, 여자는 54홀(3라운드)을 많이 한다.

스트로크(stroke) : 골프 경기에서 선수가 친 타수

(2) 매치 플레이

매치 플레이는 각 홀마다의 승자를 결정하고, 18홀을 끝낸 다음 이긴 홀 수가 많은 사람이 승자가 되는 게임 방식이다. 1:1 경기를 원칙으로 하고 1홀 이겼을 시 1up, 졌을 때 1down, 무승부였을 때 하프(half)라고 하며, 승부가 같을 경우 올스퀘어(all square)라 한다. 매치플레이 경우 1:1경기이기 때문에 64명의 선수가 참가한다해도 결승까지 6일의 시간이 걸리기 때문에 공식경기에서는 스트로크 플레이가 더 많이 채택되고 있다. 매치플레이는 이벤트성 경기와 라이더컵, 프레지던트컵 등이 매치플레이 방식으로 경기하고 있다.

(3) 국내외 각종 골프 경기

골프 경기를 TV로 시청할 때 국내외 주요 메이저 경기를 알아두면 더욱 재미있게 볼 수 있다. PGA 메이저 경기는 총 4개이며 마스터즈, US오픈, PGA챔피언쉽, 디오픈(the open)이 있다. LPGA 메이저 경기는 ANA인스퍼레이션, US여자오픈, 우먼스PGA챔피언쉽, 여자 브리티쉬오픈, 에비앙챔피언쉽으로 5개이다. 메이저 대회는 다른 경기보다 상금이 크며 우승자에게 주어지는 명예가 크기 때문에 전 세계 유명 골프선수들이 한자리에 모여 최고의 기량을 발휘하여 명경기가 자주 나온다. 메이저 대회를 모두 한 해에 우승한 경우를 그랜드슬램이라 하며 해와 상관없이 이 대회를 모두 우승한 경우를 커리어 그랜드슬램으로 불린다. 그러나 PGA는 단일 시즌에 4대 메이저 경기를 모두 석권하는 것이 힘들기 때문에 그랜드슬램과 커리어 그랜드슬램을 분리하지 않는 경향이 있다.

국내에도 해외와 마찬가지로 메이저 대회를 구분하는데 남자 KPGA의 경우 한국오픈, KPGA선수권, 신한동해오픈, 매경오픈과 여자 KLPGA투어의 경우 한국여자오픈 골프선수권대회, 한화금융 클래식, 이수그룹 KLPGA 챔피언십, KB금융 스타챔피언십, 하이트진로 챔피언십이 메이저 대회로 나눠져 있다.

> PGA 미국 프로골프협회
> KGA 대한골프협회
> LPGA 미국 여자 프로골프협회
> KPGA 한국 남자 프로골프협회
> KLPGA 한국 여자 프로골프협회

(4) 스코어카드

골프장에서 라운딩(경기)을 하면 스코어를 작성해야 한다. 라운드 중 본인이 직접 작성할 때도 있고 캐디나 동반경기자를 마커할 상황이 있기 때문에 필드에 나가기 전 스코어 카드 작성법을 숙지해 두는 것이 좋다.

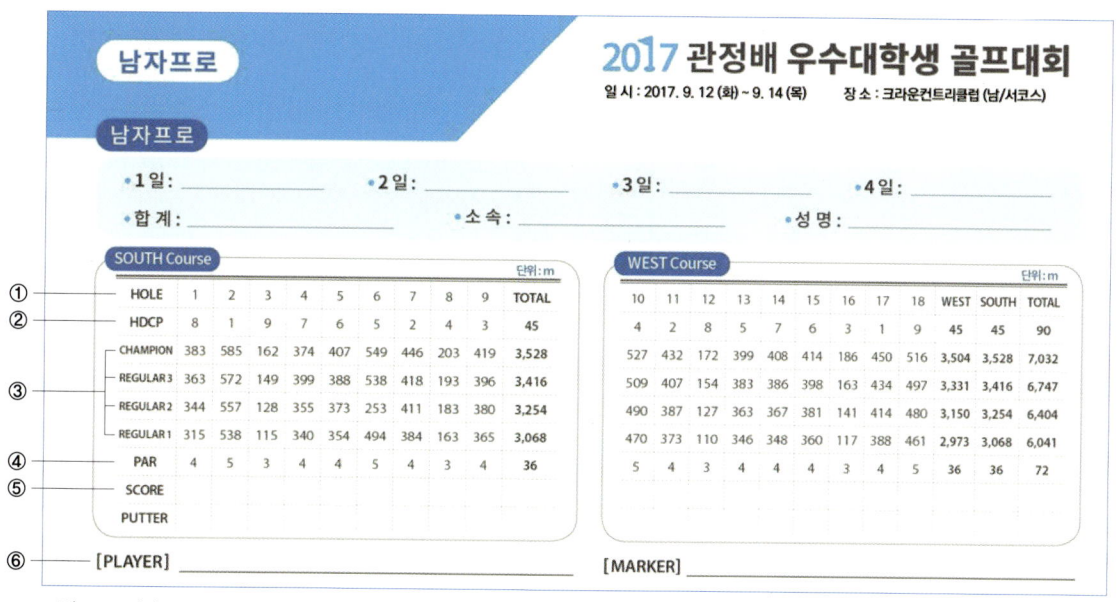

그림 스코어카드

① 홀 순서를 말하며 1~9홀을 아웃코스, 10~18홀을 인코스라 한다.

② 홀의 난이도(레이팅)가 기록되는 위치이며 숫자가 낮을수록 어렵고 숫자가 높으면 쉬운 홀로 구분된다.

③ 홀 별 티잉 그라운드에서 그린까지 거리를 뜻한다.

④ 각 홀의 파의 기준을 뜻한다.

⑤ 홀마다 자신이 친 타수를 적는다.

⑥ 골프 경기나 친선 경기, 핸디캡을 선정할 때 스코어 카드를 제출하게 되는데 ⑥위치에 사인하게 된다. Marker는 본인의 마커나 동반플레이어가 사인하는 위치이며 ATTEST라고 적혀있기도 하다. Player란에는 본인이 서명하면 된다.

(5) 에티켓

① 연습장 매너

골프연습장에서 연습을 하기 위해 배정받은 타석으로 이동할 때에는 타석에 의자보다 뒤쪽으로 이동하는 것이 좋다. 또한 자신이 배정받은 타석 이외에는 연습스윙이나 연습을 하지 않는 것이 좋다. 간혹 거울을 보고 스윙 연습을 하기 위해 복도나 다른 사람의 타석에서 연습을 하는 경우 타인에게 불쾌감을 줄뿐만 아니라 안전상에도 위험하기 때문에 삼가는 것이 좋다.

연습장에서는 큰소리로 대화하거나 레슨하지 않는 것이 좋으며 한 타석에서 여러 명이 연습하지 않는 것이 바람직하다. 연습이 끝난 후에는 타석을 간단히 정리(물수건, 볼바구니, 빈 컵이나 음료수 병)하고 나오는 것이 좋다. 연습장 타석에 어린이를 동반하는 것은 굉장히 위험하기 때문에 어린이를 동반할 경우에는 주의가 필요하다.

② 골프장(라운딩) 매너

라운드를 하기 위해 골프장에 출발할 때에는 시간의 여유를 갖고 가는 것이 좋다. 일반적으로 티업시간 40분전에 클럽하우스에 도착하는 것이 매너이다. 골프장에서 티업 순서는 티잉 그라운드에서는 첫 홀은 뽑기나 티를 튀겨서 정하지만 두 번째 홀부터는 전 홀에서 가장 적은 타수로 홀 아웃한 순서대로 치게 된다. 만약 전 홀에서 같은 타수를 기록하였을 시 두 홀 전 순서로 티샷을 하면 되는데 이것을 캐리아너라 한다. 티샷을 제외한 샷(퍼팅 포함)은 홀에서 거리가 먼 순서대로 샷을 하고 먼저 샷을 해야할 동반자가 준비가 안 되었을 경우 먼저 샷을 하겠다는 의사를 전달한 후 샷을 하여도 된다. 라운드 시 동반자가 샷을 할 때에는 동반자의 정면에서 떨어져 있는 것이 좋으며 되도록 동반자의 비구선 반대편에 서있지 않는 것이 바람직하다. 또한 상대방이 샷을 할 때 움직이거나 소리를 내는 것은 금물이며

홀인원(hole in one) : 티 샷을 홀 인하여, 스코어 1을 기록한 경우를 가리킨다.

이글(eagle) : 홀에 정해진 기준 타수보다 2타 적은 타수로 홀인(hole in)하는 것을 말한다.

버디(birdie) : 홀에 정해진 기준 타수보다 1타 적은 타수로 홀인(hole in)하는 것을 말한다.

파(par) : 홀에 정해진 기준 타수로 홀인하는 것을 말한다.

보기(bogey) : 홀에 정해진 기준 타수보다 1타 많은 타수로 홀인(hole in)하는 것을 말한다.

더블보기(double bogey) : 홀에 정해진 기준 타수보다 2타 많은 타수로 홀인(hole in)하는 것을 말한다.

아너(honor) : 골프에서 먼저 티샷을 하는 사람을 뜻한다.

휴대폰은 진동으로 하고 동반자의 볼을 봐 주는 것이 좋다.

자신이 샷을 할 순서가 되면 샷을 하되 연습스윙을 너무 많이 하지 않는 것이 좋다. 만약 몸이 풀리지 않고 연습스윙을 하고 싶다면 동반자가 샷을 할 순서에 방해가 되지 않게 연습스윙을 한다.

③ 갤러리 매너

골프대회를 관전할 때 갤러리 매너는 선수들이 최고의 기량을 낼 수 있고 다른 관객들에게 피해를 주지 않기 위해 다음과 같은 사항은 숙지하는 것이 좋다.

> 갤러리(gallery) : 골프 경기를 관람하는 사람을 의미한다.

- 코스 안에서 전화기를 진동으로 하는 것이 좋다.
- 사진이나 동영상 촬영은 경기 중 하지 않는다.
- 선수 가까이에서 소곤소곤 대화하지 않는다.
- 반사되는 소지품은 가방에 넣어둔다.
- 사인 요청은 경기 끝난 후에 하는 것이 좋다.
- 페어웨이가 아닌 곳에 볼이 있더라도 건드리거나 가져가지 않는다.

2. 골프연습장

골프에 입문하기 앞서서 중요한 것 중 하나는 연습하는 장소를 선택하는 것이다. 골프연습장은 실내와 실외가 있는데 각기 장점과 단점이 있기 때문에 어느 연습시설이 자신에게 적합한가를 고려하는 것이 좋다. 연습장의 선택은 자택이나 직장과 가까운 거리에 위치하는 것이 좋으며 연습장에 소속프로나 편의시설(샤워실, 헬스장, 스크린골프, 식당, 카페) 등을 파악하여 두는 것도 연습장을 선택하는 방법 중 하나이다.

(1) 실내골프연습장

실내골프연습장은 상가나 건물 내부에 있는 시설이며 시설 전체가 실내에 있어 무더운 여름이나 추운 겨울에 냉난방이 잘되는 것이 장점이다. 일반적으로 주거지역이나 상업단지에 있어 접근성이 좋고 가격도 실외골프연습장에 비해 저렴한 편이어서 골프를 처음 접하는 사람들이 편하게 연습할 수 있는 장점이 있다. 실내연습장은 볼을 타격하였을 때 비거리가 짧기 때문에 날

아가는 볼을 볼 수 없는 단점이 있는데 이것을 보완하기 위해 넓은 평수에 돔 연습장이나 시뮬레이션을 사용한 스크린 타석, 그리고 클럽헤드와 볼의 운동을 계산하여 볼의 비거리를 예측하는 시스템 등을 사용하고 있다.

(2) 실외골프연습장

실외연습장은 건물 한 방향으로 볼이 날아갈 수 있게 열려있으며 볼이 밖으로 날아가지 않게 기둥에 망을 설치한 형태의 연습장이다. 일반적으로 실외연습장의 길이는 100~300야드까지 다양하며 볼을 타격하였을 때 날아가는 볼의 구질을 확인할 수 있는 장점이 있어 중상급자 골퍼들이 선호한다. 하지만 더운 여름이나 추운겨울에 냉난방이 힘들고 주거지역이나 상업단지에 가까운 연습장이 많지 않아 접근성은 조금 떨어지는 단점이 있다.

3. 골프클럽 및 용품

(1) 골프클럽 구매 요령

① 클럽의 구성 및 골프클럽의 부위별 명칭

클럽을 구성할 때 가장 중요한 것은 자신에게 맞는 클럽을 선택하는 것이다. 클럽 셋트를 구성할 때 고려해야 될 사항은 클럽의 길이, 무게, 스윙웨이트, 그립사이즈 등을 자신에게 맞게 하는 것이 중요하며 초보자의 경우 보다 치기 쉬운 클럽을 선택하는 것이 좋다. 예를 들면 롱 아이언 같은 경우 하이브리드 클럽이나 우드로 교환하는 것이 바람직하며 웨지의 경우 바운스가 너무 큰 클럽은 피하는 것이 좋다. 골프클럽의 부위별 명칭은 아래 그림과 같다.

> 스윙웨이트 : 클럽헤드와 그립을 포함한 샤프트의 중량비를 뜻하며 스윙웨이트가 높을수록 골퍼가 스윙할 때 무겁게 느껴진다.

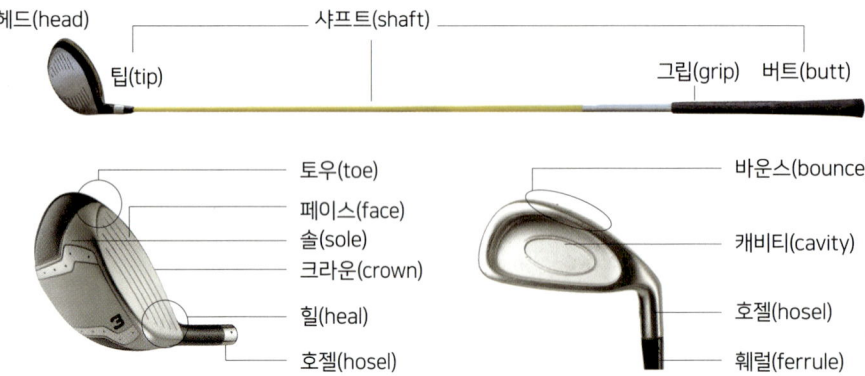

② **온라인**

　온라인 구매의 경우 일반 오프라인 매장보다 저렴하게 구매할 수 있으며 종류도 다양하여 원하는 클럽을 쉽게 찾아 구매할 수 있다. 온라인 구매 시에는 오프라인 매장에서 클럽을 직접 보고 모델을 확인 후 구매하는 것이 좋다.

③ **오프라인**

　오프라인에서 클럽을 구입할 수 있는 곳은 다양하다. 첫 번째는 전문브랜드 숍으로 사용하고자 하는 클럽을 상세한 설명을 들을 수 있으며 대부분의 숍이 시타용 클럽과 시타실이 있어 직접 클럽을 시타해 보고 구입할 수 있는 장점이 있다. 하지만 한 가지 브랜드의 클럽만 판매하기 때문에 여러 브랜드의 매장이 모여있는 상설매장 단지에 가는 것이 좋다. 두 번째는 골프연습장이나 골프장 안에 있는 프로샵이다. 골프연습장이나 골프장의 프로샵은 구입하고자 하는 클럽을 바로 구입할 수 있는 장점이 있으나 가격이 마트나 온라인보다 비싸기 때문에 잘 비교해보고 구입하는 것이 바람직하다. 세 번째는 이마트나 홈플러스 등 마트형 골프샵이 있는데 가격도 저렴하고 클럽의 종류나 브랜드가 다양하기 때문에 일반 골퍼들이 선호한다.

④ **중고 클럽 구매**

　골프에 처음 입문하였을 때 클럽을 구입하기가 부담스러운 경우 어느 정도 골프에 재미를 느낄 때까지 중고 클럽을 사용하는 것도 한 가지 방법이 된다. 중고 클럽은 온라인에서 거래할 수 있는데 중고 클럽을 잘 고르면 저렴하고 좋은 클럽을 사용할 수 있다. 중고 클럽을 구입할 때 주의해야 할 점은 클럽의 구입년도를 확인하고 클럽의 상태확인과 클럽샤프트를 자르거나 클럽을 변형시켰는지 확인하고 구매하는 것이 좋다.

(2) 골프클럽 종류 및 용도

① **우드**

우드는 드라이버와 일반우드로 나뉘는데 드라이버는 티잉 그라운드에서 티샷의 용도로 사용하는 클럽이다. 모든 클럽 중 가장 긴 클럽 길이와 비거리를 가지고 있으며 퍼터를 제외하고 가장 낮은 로프트각도[1]를 가지고 있다.

일반우드는 페어웨이[2]에서 자주 사용하며 도그 랙 홀[3]이나 코스폭이 좁은 홀에서 티샷용으로도 사용된다. 디자인으로는 딥(deep) 페이스와 샬로우(shallow) 페이스, 하이브리드 등 다양하다.

골프 초급자가 클럽을 구입할 때 고려해야 할 사항은 클럽헤드 디자인과 샤프트의 역학적 특성이다. 우선 클럽헤드 디자인은 페이스 높이가 낮은 것이 더 좋다. 페이스가 높으면 무게중심이 높고 클럽페이스에 가깝게 분포되어 있기 때문에 볼의 탄도가 낮아 초보자가 치기에 적합하지 않다. 샤프트는 끝이 많이 휘는(로우 킥 포인트) 샤프트를 선택하는 것이 좋으며 강도가 너무 강하거나 무거운 샤프트는 볼의 탄도가 낮고 비거리가 저하되기 때문에 자신의 스윙 스피드에 맞는 적합한 샤프트를 선택해야 한다. 또한 초보자의 경우 스윙 스피드가 증가하기 때문에 현재의 상태보다 3~6개월 후를 생각하여 샤프트를 선택하는 방법도 좋은 방법 중 하나이다.

(1) 로프트각도 (loft angle) : 지면으로부터 수직인 선과 페이스면과의 사이각을 말한다.

(2) 페어웨이(fairway) : 골프 코스에서, 티(tee)와 그린(green) 사이에 있는 잘 깎인 잔디 지역을 말한다.

(3) 도그 랙 홀(dog leg hole) : 왼쪽이나 오른쪽으로 구부러져 있는 홀을 말한다. 구부러진 코스 모양이 개의 뒷다리와 비슷하여 도그랙이라 불리게 되었다.

② 아이언

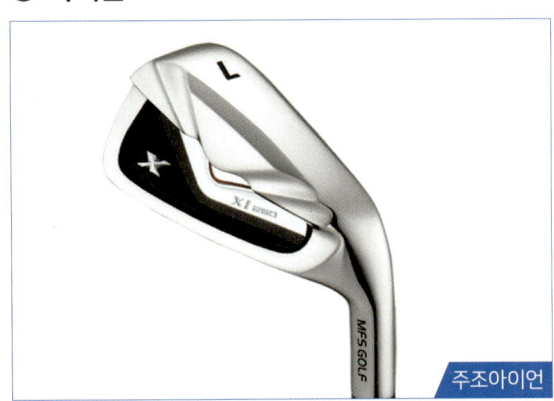
주조아이언

주조아이언(정면)

아이언은 페어웨이나 파3 홀에서 볼을 그린에 정확히 올리는 역할을 한다. 아이언은 번호에 따라서 클럽의 길이와 로프트 각도의 차이가 있으며 볼의 탄도나 비거리는 번호에 의해 일정하게 차이가 나게 설계되었다. 또한 그린과 그린 주변에서 치핑이나 피칭을 하는 용도의 웨지와 벙커 샷을 하는 샌드웨지로 아이언을 구분한다. 아이언 구입시 초보자는 무게중심이 솔(sole)쪽에 가까운 주조클럽을 사용하는 것이 좋다.

초보자를 위한 샤프트 강도 선택법 : (L, A, R, SR, S, X) ① 너무 강한 것보다는 약한 것이 쉽고 거리가 많이 나간다. ② 남자는 A, R강도, 여자는 L, A강도로 시작하는 것이 좋다.

③ 퍼터

페이스 밸런스드

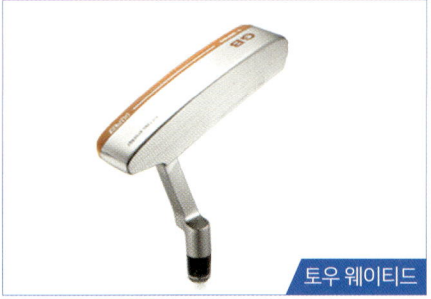
토우 웨이티드

퍼터를 선택하는데 있어 개인의 취향인 주관적인 관점이 많이 차지하지만 시중에 나와있는 수백 가지의 퍼터 중에 고르는 것은 힘든 일이다. 퍼터 선택에 있어 다음과 같은 내용을 참고하면 도움이 될 것이다.

가. 스트로크 궤도

페이스 밸런스드(face balanced) : 페이스 밸런스 퍼터는 샤프트가 퍼터 중앙에 연결되어 있어 페이스가 스퀘어로 지나가기 편하게 설계되어 있어 스트로크가 스퀘어(square : 백스윙과 포워드 스윙 궤도가 일직선인 것)인 골퍼가 사용하기 적합하다.

토우 웨이티드(toe weighted) : 토우 쪽이 더 무거운 퍼터는 스트로크할 때 페이스가 열렸다가 닫히도록 설계되어 있어 인-아웃으로 스트로크가 되는 골퍼에게 적합하다.

나. 퍼터의 길이

정상 퍼터 길이

퍼터 길이가 긴 경우

퍼터 길이가 짧은 경우

치핑(chipping) : 볼을 굴려서 홀에 붙이는 샷으로 손목을 적게 사용하여 잔디를 깎듯이 치는 방법이다.

피칭(pitching) : 볼을 띄워서 홀에 붙이는 샷으로 그린 앞에 벙커나 장애물이 있을 때 주로 사용한다.

웨지(wedge) : 피칭(pitching wedge), 갭(gab wedge), 샌드(sand wedge), 로브(lob wedge)웨지 등이 있다.

퍼터의 길이 선택을 해야 할 때 참고해야 할 사항은 어드레스 시 평소와 비슷한 위치에 그립을 잡았을 때 팔꿈치가 펴져 있다면 퍼터의 길이가 짧은 것이다. 반대로 양팔이 너무 많이 구부려져 옆구리에 밀착된다면 퍼터가 너무 길어 적합하지 않은 것이다. 퍼터가 너무 짧거나 길면 거리 조절이 힘들어지기 때문에 자신의 키에 맞는 퍼터를 선택하는 것이 바람직하다.

4. 초보자를 위한 스윙 연습법

(1) 셋업

① 그립 잡는 방법
그립 잡는 순서
ⓐ 오른손으로 클럽의 끝을 잡는다. 왼손으로 클럽의 아래 부분에 위치시킨다.
ⓑ 완성된 왼손 그립의 V자 형태는 오른쪽 어깨 방향으로 향하게 한다.
ⓒ 오른손은 왼손의 아래 부분에 놓인다. 오른손의 약손가락이 왼손의 집게손가락 다음에 놓이도록 한다.
ⓓ 오른손의 3,4번 손가락을 클럽에 밀착시킨다. 오른손의 주 압력은 이들 두 손가락에서 나온다.
ⓔ 오른손의 손바닥 생명선 부분을 왼손 엄지 위에 놓는다. 완성된 오른손 그립의 V자 형태 역시 오른손 어깨를 향하게 한다.

② 좋은 셋업을 유지하는 방법
· 타석에 자신이 스탠스 취할 위치 양발 앞쪽에 동전이나 티를 놓는다. 그러면 일정한 넓이의 스탠스를 취할 수 있다.
· 엉덩이를 먼저 뒤로 내민 후 무릎을 굽히는 순서로 자세를 취하는 것이 좋다.
· 오른쪽 어깨를 왼쪽보다 낮추고 머리가 중간보다 오른쪽에 있는지 확인한다.

③ 프리 샷 루틴(preshot routine)
프리 샷 루틴은 최상의 운동 수행 상태를 갖추기 위한 자신만의 고유동작이나 절차를 의미한다. 프리 샷 루틴을 하게 되면 마음을 안정시켜주고 리듬이 깨지는 것을 막아준다. 또한 집중력이 향상되어 주변 환경이나 소음에 영향을 받지 않게 되기 때문에 유명 선수들도 대부분 프리 샷 루틴을 가지고 있다.

- 볼 뒤쪽에 서서 샷에 대한 계획을 세운 후 목표 방향을 확인한 후 연습스윙을 하며 긴장을 푼다.
- 셋업 시 오른발을 먼저 앞으로 내민 후 클럽페이스를 목표 방향에 맞춘 다음 왼발 스탠스를 취한다.
- 이 자세에서 고개만 돌려 목표를 보고 왜글 동작을 하다가 스윙을 시작한다.

④ 왜글(waggle)

왜글은 손과 팔의 긴장을 풀기 위하여 백스윙을 시작하기 전에 클럽을 좌우로 부드럽게 흔드는 동작이다. 스윙 전 적당한 왜글은 긴장감을 해소하고 손과 팔을 부드럽게 해주어 스윙에 필요한 리듬감을 찾게 해주며 테이크어웨이의 경로를 점검하고 스윙에 집중력을 향상시켜 미스샷을 방지한다.

(2) 1/4 스윙(쿼터스윙)

쿼터스윙은 1/4 스윙으로 손목코킹이 되기 직전까지의 스윙으로 골프의 기초 동작이다. 셋업을 취한 후 하체를 단단히 고정시킨 다음 어깨와 팔, 손목으로 이루어진 삼각형을 활용하여 스윙한다. 스윙의 리듬은 처음 시작과 끝까지 일정하게 하는 것이 좋고 체중이동을 하지 않고 머리를 고정시켜 안정적인 축을 만들어 스윙하는 것이 좋다. 볼을 일부러 임팩트를 주기보다는 클럽헤드가 자연스럽게 지나가면서 임팩트 감각을 느끼는 것이 중요하다. 쿼터스윙을 충분히 연습하여 쿼터스윙이 몸에 익숙해졌을 경우 하프스윙으로 넘어가면 된다.

> 칩 샷(chip shot) : 칩핑과 같이 볼을 낮게 쳐서 홀에 근접시키는 샷을 말한다.
>
> 어프로치 샷(approach shot) : 어프로치는 '접근하다'라는 뜻으로 가까운 거리에서 홀에 근접시키는 샷을 말하며 치핑과 피칭샷을 주로 사용한다.

> ⚠️ **주의** : 쿼터스윙에서 주의해야 할 사항은 손목이나 팔 위주의 스윙을 하지 않는 것이 좋다.

(3) 1/2 스윙(하프스윙)

하프스윙은 1/2 스윙으로 손목코킹 후 어깨 높이까지 스윙이 진행되며 풀스윙의 중간 단계로 안정적인 스윙이 만들어지는 핵심 구간이다. 하프스윙을 응용하면 긴 칩 샷(chip shot)부터 30~40야드 어프로치 및 펀치 샷까지 연습할 수 있고 숙련된 골퍼들도 스윙이 잘되지 않으면 하프스윙으로 연습하여 스윙을 만든다.

하프스윙 시 체중은 양다리에 균등하게 5:5의 비율로 실으며 쿼터스윙 상태에서 약간의 몸통회전과 함께 손목코킹을 하며 왼팔이 지면과 수평이 되는 위치까지 올려준다. 백스윙이 완료되면 골반과 체중이 먼저 왼쪽으로 이동하고 회전된

🚩 **펀치 샷(punch shot)** : 어드레스 시 로프트각도를 줄이고 손을 앞쪽으로 내밀어 볼을 낮게 치는 방법이며 주로 앞바람이 불거나 나무가 많은 지역에 볼이 있을 때 사용한다.

몸통을 풀어주면서 어깨, 팔 순서대로 다운스윙을 시작한다. 다운스윙 시 하프스윙 피니쉬까지 머리와 시선은 볼을 향해 있어야 하며 과도하게 코킹을 풀어주어 임팩트를 하지 않는 것이 중요하다. 임팩트 후 팔로우 스루에서는 체중이 왼쪽으로 실리게 하며 오른팔은 지면과 수평이 되는 지점까지 만든다.

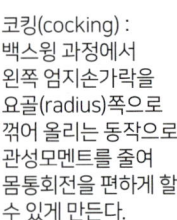

코킹(cocking) : 백스윙 과정에서 왼쪽 엄지손가락을 요골(radius)쪽으로 꺾어 올리는 동작으로 관성모멘트를 줄여 몸통회전을 편하게 할 수 있게 만든다.

코킹(cocking) : 백스윙 시 코킹 시점은 쿼터스윙(테이크어웨이)시점 이후에 하는 것이 좋으며 코킹을 하면서 손목이 앞뒤로 꺾이는 현상을 주의해야 한다.

(4) 초보자를 위한 골프 스윙 연습법
① 효과적인 연습스윙

연습스윙은 샷을 수행하기 전 몸을 푸는 효과와 리듬을 체크하기 위해 꼭 해야 할 준비 동작이다. 연습스윙은 보통 필드에서는 가볍게 2~3회 하는데 연습장에서는 볼을 치는 대신 연습스윙으로 스윙을 익히는 경우도 있다. 연습스윙의 효과를 극대화시키기 위해서는 자신의 스윙 동작과 궤도를 생각하고 실제 샷을 수행할 때와 같은 리듬을 익히는 것이 중요하다. 자신이 할 수 있는 최고 속도로 하는 연습스윙은 시원하고 몸이 풀리는 효과를 느끼는 것 같으나 리듬을 잃어버리기 때문에 적당한 속도로 연습스윙을 하는 것이 중요하다.

- 모든 연습스윙은 실제와 똑같이 한다.
- 연습스윙 시에도 피니쉬 상태를 유지시킨다.

② 백스윙 탑 만들기

올바른 백스윙 탑을 만드는 것은 정확한 임팩트를 위해 필수적인 요소이다. 백스윙 탑에서 체크해야 할 포인트는 신체 부위의 상대적인 위치, 골반과 어깨의 회전정도, 손목코킹 각도 등이 있다. 하프스윙 단계에서 몸통회전을 더 진행시키면 풀스윙의 탑이 만들어지는데 이때 너무 회전을 크게 돌리려 하면 골반이 뒤로 빠지거나 척추 축이 움직이게 된다. 백스윙 탑에서 더 이상 회전이 되지 않고 불편함을 느끼면 그 상태가 백스윙 탑의 완성이므로 더 이상 몸통을 회전시키지 않는 것이 좋다. 또한 손목코킹은 하프스윙 단계를 유지해 주는 것이 좋으며 손목이 위로 젖혀지거나 아래로 꺾이지 않게 하는 것이 바람직하다.

③ 다운스윙

하프스윙과 마찬가지로 풀스윙에서의 다운스윙도 골반과 체중이 먼저 왼쪽으로 이동하고 회전된 몸통을 풀어주면서 어깨, 팔 순서대로 다운스윙을 시작한다. 다운스윙 시 코킹이 풀리는 시점이 중요하며 다음과 같은 방법으로 연습하면 올바른 다운스윙을 쉽게 익힐 수 있다.

가. 다운스윙 시 손은 낮게 클럽헤드는 높게

- 백스윙 탑에서 다운스윙 중간에 잠시 정지한다. 자신의 스윙 동작이 정확한지 확인한다.
- 손 위치는 낮고 클럽헤드는 높게 있어야 하며 천천히 스윙을 정지하는 연습을 반복하면서 상체와 팔의 스윙 상태를 느끼는 것이 좋다.

나. 클럽을 거꾸로 잡고 다운스윙 연습하기
 • 양손으로 샤프트의 팁 부분을 잡고 하체 위주의 다운스윙을 시작한다.
 • 백스윙 탑에서 유지되었던 코킹을 다운스윙을 진행시키면서 천천히 풀어준다.

④ 올바른 체중이동
가. 백스윙 시 왼쪽 다리를 들어 올리기
 • 셋업을 취한다. 백스윙을 하면서 왼발을 살짝 들어 올려 오른쪽으로 더 큰 회전이 될 수 있게 한다.
 • 다운스윙 시작 시 체중을 강하게 왼발로 이동시키면서 임팩트를 한다.

나. 백스윙 시 머리를 오른쪽으로 움직이기
 • 셋업을 취한다. 보조자는 맞은편에서 클럽을 정면에 들게 한다.
 • 백스윙 시 머리가 보조자가 들고 있는 클럽보다 오른쪽으로 움직이며 체중을 오른쪽으로 이동하며 스윙 중간에 끝나게 한다.
 • 백스윙 탑에서 체중은 오른쪽에 70%정도 왼쪽에 30%정도 남긴다.

⑤ 비거리를 향상시키는 방법

가. 로프를 이용한 연습방법

· 약 80~100cm 정도 길이의 굵은 로프를 준비해 정상적인 어드레스를 취한다. 이때 로프의 끝은 바닥에 닿아 있어야 한다.

· 몸통을 회전시켜 백스윙을 한다. 이때 백스윙이 이상적으로 스윙면을 이룬 경우 로프가 왼쪽 어깨 주위에 걸쳐있게 된다. 하지만 역체중이동이 되면 로프가 머

리나 목을 치게 되고 몸이 많이 회전되거나 스윙이 편평하게 되면 로프가 허리나 등 뒤쪽으로 가게 된다.

· 백스윙 탑에서 다운스윙으로 전환 시 목표 방향을 향해 체중이동과 회전을 이용하여 스윙을 해야 하며 곧바로 팔과 손목의 움직임으로 전환시켜 채찍을 때리는 것과 같은 동작으로 스윙한다. 팔과 손이 먼저 움직이면 로프의 끝이 아래로 떨어지며 높은 스피드를 낼 수 없게 된다.

나. 왼쪽 벽을 만드는 연습스윙

· 기둥을 이용하여 왼쪽을 고정시킨 후 백스윙 탑까지 만든다.
· 왼쪽 허벅지, 골반 순으로 기둥에 붙이면서 왼쪽에 벽을 만드는 느낌으로 임팩트를 만든다.
· 충분한 연습이 된 후에 실제 스윙에 적용한다.

다. 팔로우 스루 시 목표를 향해 악수 연습

· 왼손을 뒷주머니에 넣고 오른팔을 내려 클럽 없이 셋업을 취한다.
· 하프스윙으로 좌우로 스윙하면서 임팩트 지점을 지날 때 목표를 향해 악수를 하는 자세를 취한다.
· 충분히 연습이 되었을 때 클럽을 가지고 연습스윙을 하면서 오른손이 목표와 악수를 할 수 있게 만들어 최상의 릴리즈를 만든다.

릴리즈 : 풀어주다. 란 뜻으로 골프에서는 다운스윙 시 코킹된 손목이 풀리는 것을 말한다.

5. 기본 규칙

(1) 규칙에서 설명하는 에티켓
① 일반적인 에티켓

복장을 준수

볼에 표시

ⓐ 클럽에서 정한 복장을 준수할 것.
ⓑ 여유 있게 골프장에 도착할 것.
ⓒ 사용하는 볼에 표시(자신의 볼을 식별가능하게)를 할 것.
ⓓ 좋은 플레이를 바란다는 인사말을 건넬 것.

② 안전

ⓐ 플레이어는 스트로크 또는 연습스윙을 할 때 클럽, 볼 또는 어떤 물체에 의해 다칠 위험이 있는지 확인할 것.
ⓑ 앞서 간 플레이어들이 볼의 도달 범위 밖으로 나갈 때까지 볼을 치지 말 것.
ⓒ 볼을 스트로크할 때 가까이 있거나 앞에 있는 코스관리인을 맞힐 염려가 있을 경우 항상 경고를 해줄 것.
ⓓ 사람이 맞을 위험이 있는 방향으로 볼이 날아갈 경우 즉시 큰소리로 "포어" 또

는 "볼" 이라고 소리쳐 줄 것.

③ 경기속도
ⓐ 플레이어는 약간 빠른 속도로 플레이할 것.
ⓑ 앞서 나간 조와의 속도를 맞추어 나갈 것.
ⓒ 한 홀이 빌 정도로 느린 플레이를 하여 후속 조의 플레이가 지연될 때는 후속 조에게 먼저 플레이하도록 권할 것.
ⓓ 연습스윙을 지나치게 많이 하지 않을 것.
ⓔ 다른 사람이 퍼팅하는 동안 방해가 되지 않도록 자신의 라이를 미리 살펴 볼 것.

> 라이(lie) : 볼이 멈춰서 있는 위치나 상태로 클럽을 지면에 솔하였을 때 샤프트 선과 지면과의 사이에서 생기는 각도를 말한다.

④ 다른 사람 배려
ⓐ 움직이거나, 말하거나, 불필요한 잡음을 내어 다른 사람 플레이에 방해를 주지 않을 것.
ⓑ 티잉 그라운드에서 티업 순서를 확인할 것.
ⓒ 다른 사람이 플레이할 때 뒤에 서 있지 않을 것.
ⓓ 같은 조의 플레이어들이 홀아웃할 때까지 퍼팅 그린 주변에 머물러 있을 것.
ⓔ 전자기기나 휴대폰을 사용하여 다른 플레이어를 방해하지 않을 것.

⑤ 코스의 보호
ⓐ 디보트나 그린 위의 피치마크를 수리할 것.
ⓑ 벙커에서 떠날 때 발자국 및 다른 흔적을 평탄하게 고를 것.
ⓒ 홀에서 볼을 꺼낼 때 퍼터에 기대지 않을 것(퍼터를 지팡이 삼지 않는다).

> 피치마크(pitch mark) : 그린에 볼이 떨어지면서 충격으로 패인 자국

(2) 플레이 방법
① 스트로크 플레이
정해진 수의 홀을 돌아 더 적은 타수로 마지막 홀을 홀인하는 플레이어가 승리하는 방식.

② 매치플레이
매치 플레이는 홀마다의 승자를 결정하고, 18홀을 끝낸 다음 이긴 홀 수가 많은 사람이 승자가 되는 게임 방식이다. 1:1 경기를 원칙으로 하고 1홀 이겼을 때 1up, 졌을 때 1down, 무승부였을 때 하프라고 하며, 승부가 같을 경우 올스퀘어(all

square)라 한다. 남은 홀이 두 플레이어의 성적 차이보다 적다면 플레이는 중단된다. 스트로크 플레이와 매치 플레이의 규칙 위반 시 다른 벌이 주어 질 수 있다.

(3) 일반적인 규칙

ⓐ 볼은 코스에서 규칙으로 따로 정해진 때를 제외하고는 볼이 있는 그대로 플레이 한다. 여기서 있는 그대로의 플레이란 의도적으로 라이를 개선하거나 스탠스를 만드는 것과 해저드나 벙커에서 루스 임페디먼트 제거 등을 말한다.

ⓑ 플레이어는 14개보다 더 많은 클럽을 가지고 정규라운드를 출발해서는 안 된다.

ⓒ 거리를 측정하기 위해 기구를 사용하지 말 것.

ⓓ 파트너 또는 캐디 이외의 다른 사람으로부터 어드바이스를 받거나 하지 말 것.

ⓔ 홀을 마치고 다음 홀 사이에 연습 스트로크를 하지 말 것 .

> 루스 임페디먼트 : 자연물로써 고정되어 있지 않고, 생장하지 않으며 땅에 단단히 박혀 있지 않고 볼에 달라붙어 있지 않은 것을 말한다.

> 어드바이스 : 플레이어의 플레이에 관한 결단, 클럽의 선택 또는 스트로크의 방법에 영향을 미칠 수 있는 조언이나 시사를 말한다.

(4) 볼을 플레이할 때

① 상대방의 볼을 스트로크 하였을 때

우리가 플레이를 하다보면 상대방의 볼을 치는 경우가 종종 발생한다. 상대방의 볼을 스트로크하였을 시 볼을 원위치시켜야 하고 2벌타가 부과된다. 만약 볼을 원위치시키지 않는다면 경기에서 실격된다.

② 볼 찾기와 확인

볼이 지면에 박혀있거나 흙이 많이 묻어 있는 경우 볼을 집어 올릴 수 있다. 플레이어는 볼을 확인할 수 있는 만큼만 볼을 닦아야 한다.

③ 한번 스트로크로 2번 이상 볼을 친 경우

그 스트로크를 1타로 하고 1벌타를 추가하여야 한다.

④ 움직이는 볼이 방향을 바꾸거나 정지한 경우

ⓐ 움직이고 있는 볼이 플레이어 자신, 그의 파트너 또는 그들의 캐디나 휴대품에 의하여 방향이 바뀌게 되거나 정지된 경우 1벌타를 받고 볼은 있는 그대로 플레이할 것.

ⓑ 움직이고 있는 볼이 국외자에 의하여 방향이 바뀌거나 정지된 경우 벌 없이 볼이 있는 그대로 플레이할 것. 그러나 퍼팅 그린 위에서 친 후 그 볼이 방향을 바꿨을 경우 원위치에서 다시 치지 않으면 안 된다.

> 국외자 : 매치 플레이에서 "국외자"란 플레이어나 상대방, 어느 한편에 속한 캐디, 현재 플레이하고 있는 홀에서 어느 한 편이 플레이한 볼 또는 어느 한 편의 휴대품을 제외한 모든 사람과 사물을 말한다.

ⓒ 움직이고 있는 볼이 멈춰있는 다른 볼에 의하여 방향이 바뀌거나 정지된 경우 볼이 있는 그대로 플레이할 것.

사진. 움직이고 있는 볼이 플레이어 자신, 그의 파트너 또는 그들의 캐디나 휴대품에 의하여 방향이 바뀌게 되거나 정지된 경우

(5) 다양한 상황에서 드롭방법

① 워터 해저드에 들어간 경우

워터 해저드란 코스 안의 모든 바다, 강, 호수, 연못, 수로 등을 말하며 일반적으로 황색으로 표시된다. 워터 해저드에 볼이 있을 때 다음과 같이 3가지를 선택하여 플레이할 수 있다.

ⓐ 벌 없이 볼이 놓여있는 그대로의 상태에서 플레이한다.
ⓑ 원구를 최후로 쳤던 지점에서 드롭하고 다음 스트로크를 한다.
ⓒ 볼이 해저드의 한계를 넘어간 지점과 홀을 연결한 해저드의 후방선상에 볼을 드롭한다.

드롭 : 골프 룰에 의하여 볼을 주워 올려 정해진 장소에 떨어뜨리는 것. 그 방법은 홀을 향해 똑바로 서서 손을 어깨와 직선이 되는 위치에서 떨어뜨려야 한다.

② 레터럴 워터 해저드에 들어간 경우

볼을 워터 해저드 후방으로 드롭하기가 지형적으로 불가능하다고 인정한 위치에 있는 워터 해저드 또는 그 일부를 레터럴 워터 해저드라 하고 다음과 같이 5가지를 선택하여 플레이할 수 있다.

ⓐ 벌타 없이 놓여 있는 상태 그대로 플레이한다.
ⓑ 원구를 최후로 쳤던 지점에서 드롭하고 다음 스트로크를 한다.
ⓒ 볼이 해저드의 한계를 최후로 넘어간 지점과 홀을 연결한 해저드의 후방선상에 볼을 드롭한다.
ⓓ 해저드 가까운 쪽 한계 상에 있는 지점을 선택하여 2클럽 길이 이내 홀에 더 가깝지 않게 드롭하여 플레이한다.
ⓔ 해저드 건너편 쪽 한계 상에 있는 지점을 선택하여 2클럽 길이 이내 홀에 더

레터럴 워터 해저드 (lateral water hazard) : 홀이 병행에 있는 물 웅덩이 등 장애지역으로 적색 말뚝으로 표시한다.

플레이스(place) : 볼을 들어 다시 놓는 것

가깝지 않게 드롭하여 플레이한다.

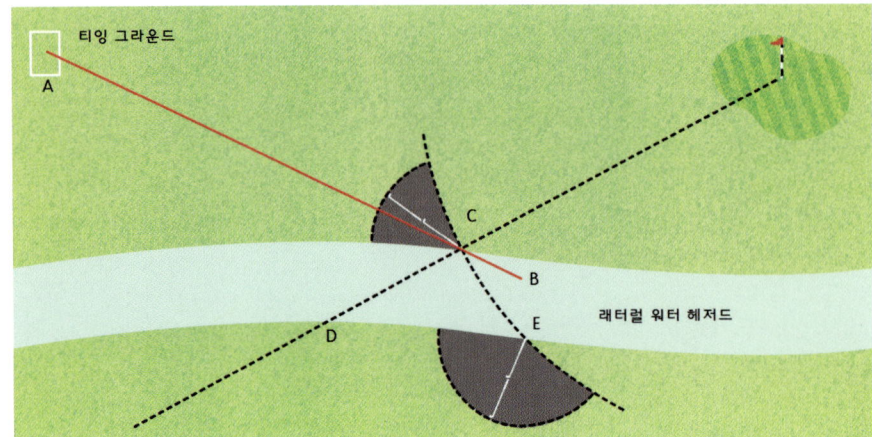

사진. 레터럴
워터 해저드 드롭
(대한골프협회)

③ 카트(Cart) 도로

카트 도로는 움직일 수 없는 장애물로 다음과 같이 구제받을 수 있다.

ⓐ 스탠스나 의도한 스윙 구역에 방해가 되지 않는 가장 가까운 구제 지점을 찾을 것.
ⓑ 홀에 더 가깝지 않은 곳으로 1클럽 길이 이내에 볼을 드롭할 것.
ⓒ 선택사항으로 볼이 있는 그대로 플레이할 수 있다.

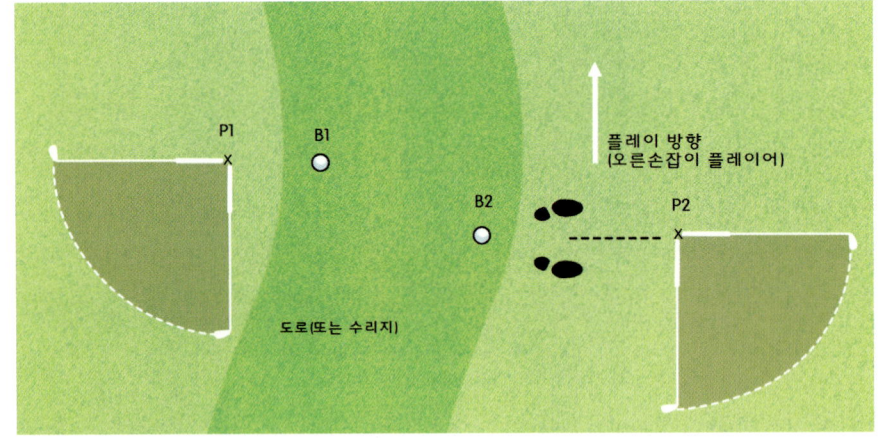

사진. 카트도로 드롭

④ 언플레이어 볼

볼이 도저히 칠 수 없는 위치에 있을 경우 해저드가 아닌 위치에서는 플레이어는 언플레이어 볼을 선언할 수 있다. 언플레이어 볼을 판단할 수 있는 사람은 플레이어뿐이며 다음과 같은 3가지 방법으로 처리할 수 있다.

ⓐ 원구를 최후로 플레이한 지점에 되도록 가까운 곳에서 볼을 플레이한다.
ⓑ 볼이 있는 지점과 홀을 연결한 직선상으로, 그 볼이 있는 지점 후방에 볼을

드롭한다.

ⓒ 그 볼이 있는 지점에서 2클럽 이내로 홀과 가깝지 않은 곳에 볼을 드롭한다.

⑤ 재드롭해야 할 경우

ⓐ 해저드 안으로 굴러들어가 정지한 경우

ⓑ 해저드 안에서 굴러 나와 해저드 밖에 정지한 경우

ⓒ 퍼팅 그린 위로 굴러들어간 경우

ⓓ 아웃 오브 바운드로 굴러 나가 정지한 경우

ⓔ 규칙으로 구제받은 상황이 다시 되었을 경우

ⓕ 볼이 코스의 일부에 처음 떨어진 곳에서 2클럽 길이 이상 굴러가서 정지한 경우

ⓖ 볼이 다음 지점보다 홀에 더 가깝게 굴러가서 정지한 경우

CHAPTER 2
골프 스윙
GOLF SWING

제 1 장
골프 스윙의 법칙(5 laws)과
원칙(14 principles)
046

제 2 장
골프 스윙-분석과 연습법
051

제 3 장
퍼팅의 기본과 연습법
090

제 4 장
코스 공략법
099

제 5 장
골프 스윙 오류의 원인과
결과 및 수정
111

제 6 장
연습방법
114

제 7 장
골프 티칭법
130

제 1 장
골프 스윙의 법칙과 원칙

골프의 5대 법칙(5 laws)
14가지 원칙(14 principles)

1. 골프의 5대 법칙

골프 경기력에 중요한 2가지 요소는 거리와 방향이다. 따라서 많은 골퍼들은 비거리를 늘리고 샷의 정확성(방향)을 높이기 위해 애쓰고 있는 것이다.

비거리에 영향을 미치는 요소는 임팩트 순간 클럽헤드의 스피드와 임팩트의 중심성, 헤드가 볼에 접근하는 각도이고 방향에 영향을 미치는 요소로는 스윙 궤도와 임팩트 순간의 클럽페이스 위치(오픈 또는 스퀘어)를 들 수 있다. 결국 볼의 비거리와 방향에 영향을 미치는 요소는 이들 5가지로, 이것을 '골프의 5대 법칙(The 5 laws of golf)'이라고 한다.

임팩트 순간 클럽헤드의 스피드는 체력(physical strength), 신체의 유연성(body flexibility), 스윙 기술(swing technique), 지렛대(leverage) 원리의 이용, 신·근 협응 작용(neuromuscular coordination)이다. 임팩트 순간 볼이 클럽페이스의 어느 부위에 맞았느냐에(centeredness of contact) 따라 5번 아이언의 경우는 스윗 스팟으로부터 1/2인치씩 벗어남에 따라 5%씩 비거리가 줄어들며, 드라이버의 경우에는 7%의 비거리 손실이 생긴다고 한다.

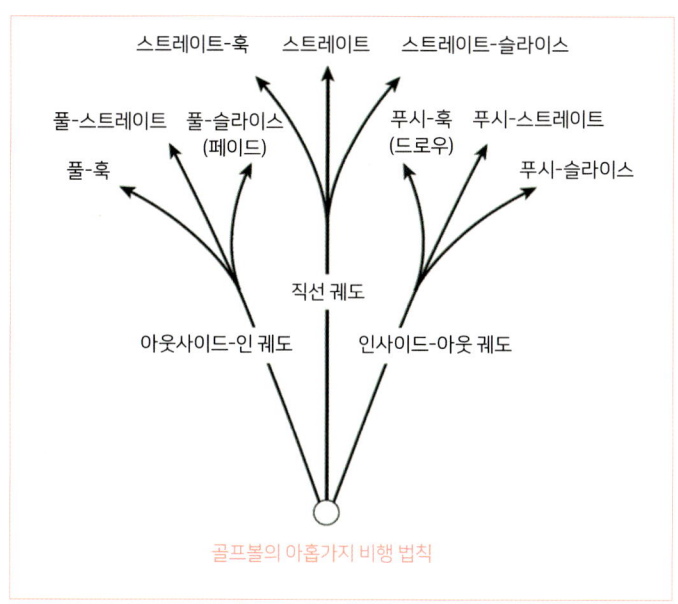

골프볼의 아홉가지 비행 법칙

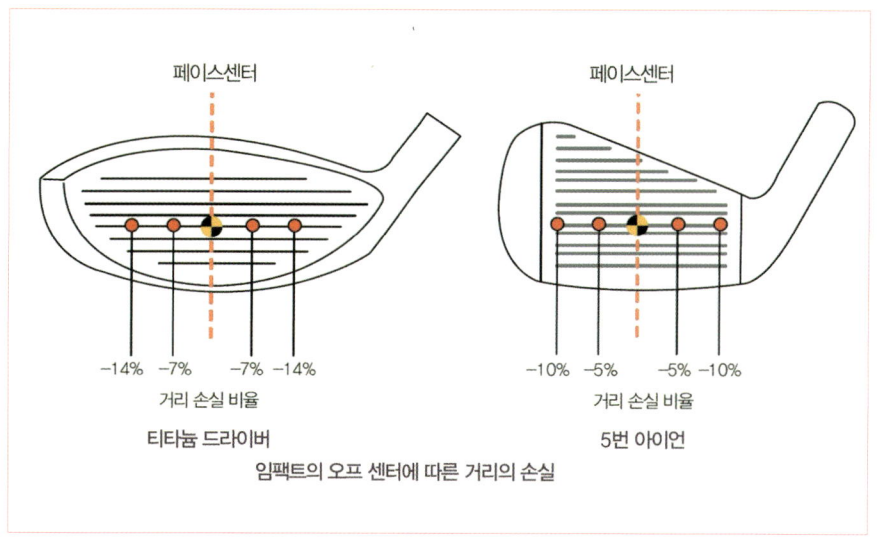

임팩트의 오프 센터에 따른 거리의 손실

    접근 각도(angle of approach)란 임팩트를 위해 볼을 향해 내려오는 클럽헤드의 궤도와 지면이 이루는 각도를 말한다. 임팩트 시에 클럽헤드의 접근 각도가 크면 백스핀이 많아 볼이 뜨고 거리가 줄어든다. 클럽헤드의 에너지가 최대한 수평 방향으로 전달되도록 백스윙 초기에 클럽헤드를 낮고 길게 테이크어웨이하여 접근 각을 줄이는 것이 거리를 향상시키는 데 도움이 된다.

남녀 프로선수 볼의 구질

	Club speed (mph)	Attack angle (deg)	Ball speed (mph)	Smash factor	Vertical launch (deg)	Spin rate (rpm)	Max height (yds)	Land. angle (deg)	Carry (yds)
Driver	112	-1.3	165	1.49	11.2	2685	31	39	269
5 Iron	94	-3.7	132	1.41	12.1	5361	31	49	194
PW	83	-5.0	102	1.23	24.2	9304	29	52	136

PGA 평균 트랙맨데이터

	Club speed (mph)	Attack angle (deg)	Ball speed (mph)	Smash factor	Vertical launch (deg)	Spin rate (rpm)	Max height (yds)	Land. angle (deg)	Carry (yds)
Driver	94	3	139	1.47	14	2628	25	36	220
5 Iron	79	-1.9	112	1.42	14.8	5081	23	45	161
PW	70	-2.8	86	1.23	25.6	8403	23	48	107

LPGA 평균 트랙맨데이터

    클럽헤드가 움직이는 궤적(길)을 스윙 궤도(swing path)라 하는데, 볼의 초기 비행 방향에 많은 영향을 미치고 클럽페이스의 위치(clubhead position at impact)는 임팩트 순간에 클럽페이스가 얼마나 닫히느냐, 열리느냐 혹은 스퀘어하느냐로 표현되며 스윙 궤도보다 볼의 방향에 더 큰 영향을 미친다.

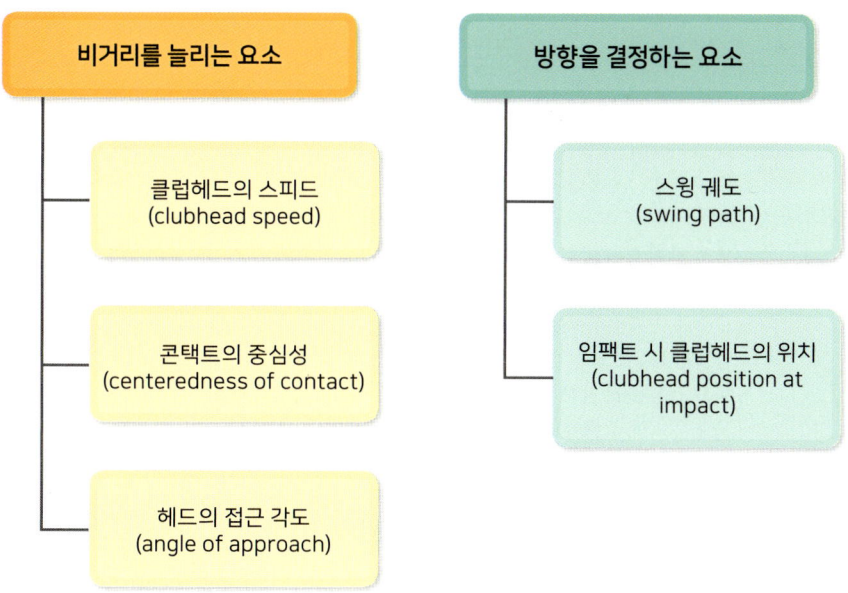

2. 14가지 원칙

골프 스윙은 준비 단계(preparation)와 백스윙(back-swing), 포워드 스윙(forward-swing)의 3가지 국면으로 나눌 수 있다. 좋은 골프 스윙을 위해서는 이 3가지 국면에서 지켜야 할 동작의 원칙들을 잘 이해하고 원칙에 따라 연습하는 것이 필요하다.

각 국면에서 지켜야 할 원칙과 점검해야 할 사항들은 다음 표와 같다.

단계	원칙	점검사항	참고
1 준비 단계	그립(grip)	· 오른손의 V홈이 오른쪽 어깨와 귀를 향하고 있는가?	
	에임(aim)	· 양쪽 어깨를 잇는 선이 타깃 라인과 나란한가? · 양쪽 어깨선과 두 팔이 삼각형을 이루고 있는가?	
	셋업(set-up)	· 볼의 전후 좌우 방향의 위치는 적합한가? · 머리는 지나치게 숙이지 않았는가? · 오른쪽 어깨는 왼쪽 어깨보다 약간 낮은가? · 양팔은 자연스럽게 아래로 내려져 있는가? · 등은 긴장을 푼 상태에서 펴져 있는가? · 오른쪽 어깨와 무릎을 잇는 선이 발등의 앞부분에 오는가? · 체중은 발의 앞부분에 실리는가?	
2 백스윙	동적균형 (dynamic balance)	· 오른쪽 엉덩이가 오른발 위로 이동하는가?	
	스윙면 (swing plane)	· 스윙 궤도가 지나치게 업라이트하거나 플랫하지 않은가? · 백스윙 탑에서 샤프트가 목표를 향하고 있는가?	
	지렛대 (lever system)	· 코킹을 잘 이용하고 있는가? · 백스윙 탑에서 왼쪽 팔꿈치를 지나치게 펴서 긴장하지 않는가?	
	위치 (position)	· 백스윙 탑에서 왼 손목이 위로 젖혀지거나 아래로 굽지 않는가? · 백스윙 탑에서 오른쪽 팔꿈치는 지면을 향하고 있는가?	
	스윙 중심 (swing center)	· 스윙 중심이 전후 상하 방향으로 지나치게 움직이지 않는가?	
	아크 길이(arc length)	· 클럽헤드가 백스윙 탑에서 지면과 175~185도 정도를 유지하는가?	
3 포워드 스윙	타이밍(timing)	· 다운스윙 순서가 발, 다리, 엉덩이, 몸통, 어깨, 팔, 손목 순인가?	
	릴리즈(release)	· 불필요한 긴장으로 스윙 중심이 타깃 방향으로 이동하지 않는가? · 손이 허리 위치에 있을 때 클럽헤드가 손보다 위에 있는가?	
	아크 넓이(arc width)	· 왼쪽 팔꿈치는 지나치게 긴장하여 펴져 있거나 굽어 있지 않은가?	
	연결동작 (connection)	· 인접한 분절은 최상의 임팩트를 위해 적당한 위치에 있는가? · 샤프트가 지면과 평행할 때 그립은 목표를 향하고 있는가?	
	임팩트(impact)	· 왼팔은 펴져 있는가? · 왼손은 팔과 일직선이 되어 있는가? · 왼쪽 엉덩이는 왼발 위에 있는가? · 오른쪽 팔꿈치는 오른쪽 허벅지 주머니를 향하고 있는가? · 왼팔은 샤프트와 일직선을 이루고 있는가? (클럽헤드가 왼손보다 앞에 있으면 안 됨)	

제 2 장

골프 스윙-
분석과 연습법

준비단계 / 백스윙 / 포워드 스윙 /
팔로우 스루 / 피니쉬

● 연결동작 사진 (정면)

연결동작 사진 (측면)

PGA 매뉴얼 이벤트#1

어드레스 정면

PGA
매뉴얼 이벤트#1

어드레스 측면

왼쪽 팔은 오른쪽 팔보다 위에 보이게 한다.

왼쪽 어깨, 엉덩이와 무릎은 모두 타겟으로 약간 열린다.

오른쪽 팔꿈치를 약간 굽힌다.

체중은 발의 앞쪽으로 둔다.

1. 준비 단계

(1) 그립

① 그립 종류 3가지

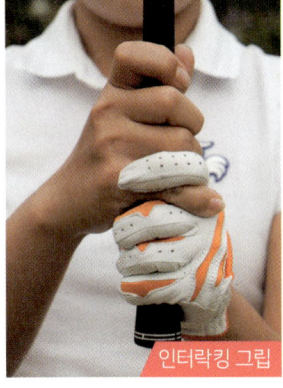

베이스볼 그립   인터락킹 그립   오버래핑 그립

가. 베이스볼 그립(baseball grip)

텐 핑거 그립이라고도 한다. 그립의 많은 부분을 잡을 수 있어 큰 힘을 발휘할 수 있으므로 백스윙의 길이가 짧고 근력이 약한 초보자와 어린이나 여성들에게 가장 자연스럽고 편한 그립이다. 오른손을 많이 쓰게 되는 경향이 생기므로 스윙이 안정된 골퍼에게는 적당하지 않다.

나. 인터락킹 그립(interlocking grip)

안정감이 있고 손에 일치감을 주는 장점이 있으나 손가락을 지나치게 깊게 끼울 경우 손목의 동작을 제한할 수 있다.

다. 오버랩핑 그립(overlapping grip)

손이 큰 골퍼에게 좋은 그립으로 선수들이 가장 많이 사용한다.

> 베이스볼 그립 : 텐 핑거 그립이라고도 한다.

② 그립압력 (grip pressure)

그립을 잡을 때의 압력은 포워드 스윙을 하는 동안 놓치지 않을 정도로 가볍게 잡는 것이 좋다. 적당한 압력을 정하기 위해서 가장 강하게 그립을 잡았을 때를 10으로 하고 클럽이 떨어지지 않을 정도로 잡았을 때 압력을 0으로 하였을 때 그 중간 정도인 압력 5로 그립을 잡는다. 지나친 그립강도는 부드러운 스윙 동작을 방해하게 된다.

> 포워드 스윙(forward swing) : 탑에서 피니쉬로 향하는 것으로 클럽을 앞쪽으로 휘두르는 동작.

③ 그립 강도

정상적인 그립(neutral grip : 중립그립)을 잡은 두 손을 시계 방향(오른쪽)으로 돌리면 강한 그립(strong grip)이 되고, 시계 반대 방향(왼쪽)으로 돌리면 약한 그립(weak grip)이 된다. 강한 그립은 임팩트 시 클럽페이스가 빨리 닫히게 되므로 슬라이스나 푸시 구질의 골퍼에게 유리하고, 반대로 약한 그립은 훅이나 풀 구질이 많은 골퍼에게 좋은 그립이다.

④ 그립의 일관성

샷을 할 때마다 다른 그립을 잡으면 좋은 결과를 기대할 수 없을 것이다. 일관성 있는 그립을 잡기 위해서는 자신만의 순서를 정해놓고 매번 순서에 따라서 하는 것(그립 루틴)이 좋다.

> 슬라이스(slice) : 볼이 오른쪽으로 휘는 샷을 말한다.
>
> 푸시(push) : 볼이 오른쪽으로 출발하는 샷을 말한다.
>
> 훅(hook) : 볼이 왼쪽으로 휘는 샷을 말한다.
>
> 풀(pull) : 볼이 왼쪽으로 출발하는 샷을 말한다.

> (왼쪽부터) 그립 상단 2cm정도 남김, 왼손의 V 홈은 턱 방향, 오른손의 V 홈 오른쪽 어깨 방향

(2) 목표 겨냥 방법(spot aiming)

목표 겨냥 방법(aim : 에임)은 볼과 목표를 연결하는 목표선(target line)을 정하고 두 발을 잇는 선과 양쪽 어깨선과 목표선이 나란하도록 스탠스를 취한다. 그 이유는 한손으로 클럽을 볼 뒤에 놓은 후 그립을 잡고 스탠스를 취하면 클럽 면이 목표 방향과 어긋날 수 있기 때문이다.

① 목표 겨냥 순서(spot aiming routine)

ⓐ 볼 뒤에 서서 목표선을 정한다.
ⓑ 볼보다 30cm 정도 앞쪽에 있는 디봇트 흔적이나 나뭇잎 등 표적을 정해 놓는다.
ⓒ 볼-표적선과 직각으로 클럽헤드를 맞춘 다음 그립을 잡고 오른발, 왼발 순으로 목표선과 나란하게 스탠스를 취한다.
ⓓ 다시 한 번 볼-표적선과 타구면이 직각인지 확인한다.

(3) 셋업(set up)

① 스탠스

가. 스탠스 종류

오픈 스탠스

오픈 스탠스는 정상적인 목표 겨냥 상태에서 목표선과 나란히 선 후 왼발을 약간 뒤로 빼면 오픈 스탠스가 된다. 비행 초기의 볼 방향을 왼쪽으로 수정시켜주므로 풀(pull) 구질이 나게 한다. 오픈 스탠스를 취하면 오른 어깨가 앞으로 나가게 되어 백스윙이 업라이트하게 된다. 그리고 포워드 스윙은 가파르게 안으로 당기는 스윙이 되기 쉬우므로 풀 구질이 생기게 되나 손목 동작이 잘 되지 않는 골퍼의 경우에는 악성 슬라이스가 날 우려도 있으므로 유의해야 한다.

스퀘어 스탠스

스퀘어 스탠스는 양발의 끝선과 어깨와 엉덩이선이 목표선과 평행이 되도록 한다. 정상적인 스탠스로서 이 스탠스를 취하고 원하는 방향의 샷을 할 수 있도록 스윙 연습을 하여야 한다.

클로즈드 스탠스

클로즈드 스탠스는 목표선과 나란히 선 상태에서 오른발을 뒤로 약간 빼면 클로즈드 스탠스가 된다. 클로즈드 스탠스를 취하면 오른 어깨가 뒤로 빠지게 되어 백스윙이 쉬워지며 플랫하게 된다. 그리고 포워드 스윙은 낮게 미는 스윙이 되기 쉬우므로 푸시(push) 구질이 생기게 되나 손목 동작이 잘 되는 골퍼의 경우에는 드로

> 오픈 스탠스는 정상적인 목표 겨냥 상태에서 목표선과 나란히 선 후 왼발을 약간 뒤로 빼면 오픈 스탠스가 된다.
>
> 업라이트(up right)한 백스윙 : 백스윙을 할 때 팔을 많이 쓰게 되어 탑이 높고 가파르게 되는 스윙이다.
>
> 플랫(flat)한 백스윙 : 몸을 많이 쓰게 되어 백스윙 탑이 낮고 스윙면이 편평해지는 업라이트와 반대되는 스윙이다.

우(draw) 구질이 나 장타를 칠 수 있으며, 백스윙이 쉬워지므로 볼의 위치를 왼발 쪽으로 약간 이동하면 푸시를 예방하고 비거리를 향상시킬 수 있다.

스퀘어 스탠스

Target line
클로즈드 스탠스

오픈 스탠스

나. 스탠스 넓이 결정방법
자신에게 맞는 스탠스 넓이 결정방법

자신에게 맞는 스탠스 결정방법 중 하나는 평상시 보폭을 스탠스의 넓이로 하는 것이다. 이 방법이 어깨너비 스탠스보다 좋은 점은 어깨가 지나치게 넓거나 좁은 골퍼에게도 최적의 스탠스를 제공할 수 있는 것이다. 어깨가 넓은 사람은 너무 넓은 스탠스를 취할 가능성이 높아지고 반대로, 어깨가 좁은 사람은 스윙하기에 어려운 좁은 스탠스를 취할 가능성이 높아지기 때문이다.

> 드라이버 : 가장 큰 스윙을 하기 때문에 이때의 스탠스 폭은 안정감을 유지할 수 있도록 충분히 넓어야 한다.

② 체중 분포

준비 단계에서 셋업을 할 때 오른발과 왼발의 체중 분포는 클럽의 길이가 길어질수록 오른발 쪽이 높아진다.

티잉 그라운드에서 드라이버 클럽의 올바른 체중의 분포는 똑바로 선 다음 양발에 체중을 똑같이 두고 머리와 상체가 볼보다 오른쪽에 있도록 하기 위하여 척추의 각도를 약간 오른쪽으로 기울이면 체중이 이동하여 오른쪽과 왼쪽의 비율이 6:4 정도가 된다.

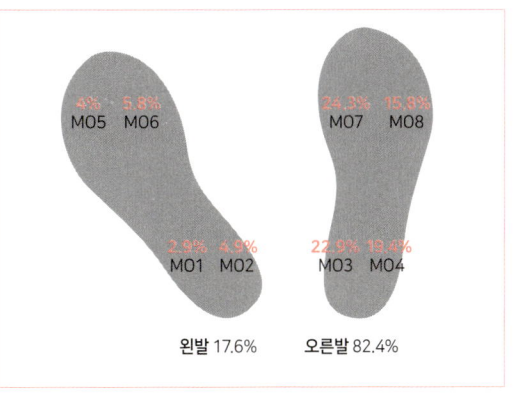

가. 발 앞부분에 체중이 많이 실리면

상체를 앞으로 많이 굽힌 경우이고 스윙 시 몸과 머리가 들리는 경향이 생긴다.

나. 발뒤꿈치에 체중이 많이 실리면

상체를 너무 뻣뻣하게 세우는 경우이고 백스윙 시 몸통이 앞으로 숙여져 역체중이동 현상이 일어날 수도 있다. 따라서 백스윙 시에 몸이 앞쪽으로 움직여 빠른 포워드 스윙 시에 균형을 잃기 쉽다.

다. 완벽한 체중 분포

양발 중심 안쪽 부분에 체중을 두는 것이 좋다.

③ 볼의 위치

가. 볼의 위치를 고정하는 방법

잭 니클라우스 선수는 왼발 뒤꿈치에 볼의 위치를 고정하고 스탠스 넓이는 클럽의 길이에 따라 조절하는 방법을 사용하였다.

나. 볼의 위치를 바꾸는 방법

드라이버 샷을 위한 볼 위치는 왼발 뒤꿈치로 한다. 3번 아이언은 왼발 뒤꿈치에서 골프 볼의 지름(약 4cm)만큼 우측으로 이동하고 스탠스는 4cm정도 좁게 한다. 그리고 클럽의 길이가 3번씩 올라갈수록(우드 : 드라이버-4번우드-7번우드, 아이언 : 3번-6번-9번) 볼의 위치는 4cm씩 우측으로 이동하고 스탠스는 4cm씩 좁게 한다.

볼의 위치가 너무 왼쪽인 경우에는 스윙 궤도가 아웃사이드-인이 되고 클럽헤드가 닫히면서 임팩트가 일어날 확률이 높아져서 볼이 목표보다 왼쪽 방향으로 가는 풀이나 날아가면서 왼쪽으로 휘는 훅 구질이 생기기 쉽다. 그러나 볼이 왼쪽에 있다는 생각에 몸을 왼쪽으로 너무 많이 이동하면서(스웨이) 볼을 치면 악성슬라이스가 발생하는 경우도 있으므로 주의해야 한다. 볼의 위치가 스탠스 중앙에 놓인 경우에는 반대로 임팩트가 조기에

일어나므로 스윙 궤도가 인사이드-아웃이 되기 쉽고 클럽헤드가 열린 상태에서 볼을 때리게 되어 볼은 오른쪽으로 날아가는 푸시 구질이 되거나 오른쪽으로 휘는 슬라이스가 된다. 드라이버 샷을 할 때 볼의 적당한 높이는 클럽헤드 위로 볼의 50% 정도가 보이게 놓는 것이 좋으며 볼의 높이에 따라 볼의 탄도와 바뀔 수 있다는 것을 기억해야 한다.

> 역체중이동 현상 : 백스윙 시 체중이 왼쪽으로 이동되는 현상으로 하체와 몸통이 일어나면서 나타난다.

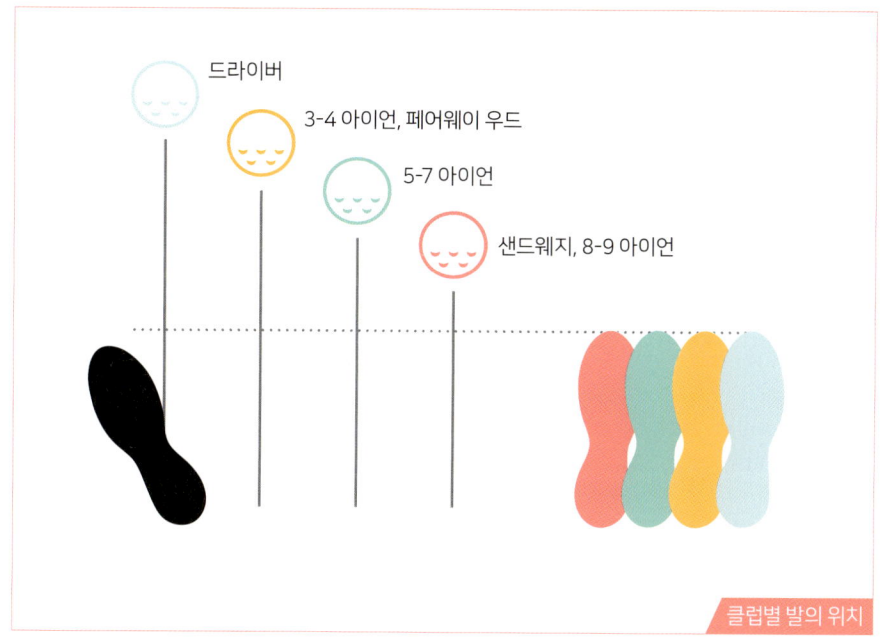

클럽별 발의 위치

④ 몸의 자세

정확한 자세는 신체 회전을 쉽게 하고 전반적인 스윙의 질도 향상시키며 균형 감각도 증진시킨다.

가. 몸을 앞으로 많이 숙인 경우

백스윙 시 일어났다가 포워드 스윙 시에는 몸을 다시 숙이게 됨.

나. 볼이 너무 먼 경우

백스윙 시 몸을 앞으로 숙이는 현상이 일어났다가 포워드 스윙 시에는 반대로 일어나는 동작이 되어 역체중이동 현상이 생김.

앞으로 숙인 자세

뒤로 젖힌 자세

정상적인 자세

⑤ 셋업 루틴

ⓐ 두 발을 나란히 붙이고 왼발 뒤꿈치 앞 적당한 위치에 볼이 오도록 선다. 적당한 볼 위치는 드라이버 샷의 정확성에 매우 중요하다.

ⓑ 왼발은 그대로 두고 오른발을 어깨너비만큼 목표선과 나란히 옆으로 뺀다. 넓은 스탠스는 체중이동이 어렵고 반대로 좁은 스탠스는 헤드스피드를 높이기가 어렵게 된다.

ⓒ 등은 긴장을 푼 상태에서 펴져 있어야 한다. 등은 회전운동의 축이 되므로 굽으면 원만한 회전이 불가능하게 된다.

ⓓ 머리는 지나치게 숙이지 말아야 한다. 머리를 앞으로 숙이면 백스윙 시 머리를 들어 올리는 헤드업의 원인이 될 수 있다.

ⓔ 오른쪽 어깨는 왼쪽 어깨보다 낮아야 한다. 그립을 잡았을 때 오른손이 왼손보다 낮은 만큼의 차이가 나야 한다. 셋업을 했을 때 오른쪽 어깨가 왼쪽 어깨보다 낮지 않으면 오른쪽 어깨가 앞으로 나왔다는 뜻이다. 이것은 스윙 궤도를 아웃사이드-

인이 되게 하여 나쁜 샷의 원인이 된다.

ⓕ 양팔은 자연스럽게 아래로 내려져 있어야 한다. 양손을 앞으로 지나치게 내밀거나 몸에 너무 가까이 하면 좋은 샷이 어려워진다. 허벅지에서 한 뼘 정도 공간을 유지하는 것이 좋다.

ⓖ 체중은 양발의 앞부분에 약간 더 실리고 오른발 : 왼발의 체중비가 6 : 4 정도가 되면, 체중이동이 쉬워지고 임팩트 시 헤드가 볼에 접근하는 각도가 낮아져 볼을 쓸어 치게 되어 비거리 향상에 도움이 된다.

이상적인 셋업 측면

이상적인 셋업 정면

올바른 어드레스 자세의 요소로는

- 스탠스의 폭은 어깨너비를 기준으로 짧은 아이언 샷일수록 적당히 줄인다.
- 오른손이 왼손보다 낮게 그립을 잡으므로 오른쪽 어깨는 대략 왼쪽보다 5인치 정도 아래로 내려간다.
- 오른쪽 무릎은 오른쪽 발목보다 약간 안쪽에 위치한다.
- 체중은 왼발과 오른발에 5 : 5로 밸런스를 유지한다(아이언 샷의 경우).
- 긴 클럽은 오른발에 짧은 클럽은 왼발에 체중을 조금 더 싣도록 조절한다.

어드레스와 셋업 : 어드레스는 스탠스와 에임을 잡는 단계이며 셋업은 샷을 하기 전 모든 준비 단계를 뜻한다.

PGA 매뉴얼 이벤트#2

테이크어웨이 정면

이 위치에 왔을 때 몸의 기울기가 끝난다.(체중이동 p.68)

이 점은 왼쪽 엉덩이가 있던 장소이다.

약간의 손목코킹(wrist cocking)을 한다.

PGA
매뉴얼 이벤트#2

테이크어웨이 측면

몸의 오른편을 약간 돌린다.

팔은 목표선과 평행하게 뒤쪽으로 이동한다.

오른손은 오른쪽에 있는 사람과 악수하는 위치를 취한다.

클럽페이스를 약간 닫는다.

PGA
매뉴얼 이벤트#3

백스윙 측면

클럽페이스는
약간 닫는다.(스윙면 p.69)

회전

이 자세를 취할 때
엉덩이 회전이 끝난다. (약 45도)

오른쪽 무릎은
굽힌 상태를 유지한다.

체중을 오른발 뒤꿈치 쪽으로
이동한다.(체중이동 p.68)

2. 백스윙

(1) 체중이동

정상적인 체중이동

역체중이동

어드레스에서 두발의 내측에 있던 체중은 백스윙이 진행되면서 오른발 쪽으로 이동하게 된다. 이때 오른쪽 무릎과 몸통으로 벽을 만들어 몸의 균형은 오른발을 중심으로 튼튼하게 유지해야 한다. 체중이동을 잘못하면 백스윙 때 몸무게가 왼발에 계속 체중이 남아있는 역체중이동 현상이 일어나 스윙 중심이 앞뒤로 움직이게 되어 정확한 샷이 불가능해 진다.

ⓐ 올바른 체중이동은 비거리에 20-30% 정도 영향을 미친다고 한다.
ⓑ 체중이동은 포워드 스윙 동안 헤드스피드를 최대한 가속시켜 임팩트 시 최대가 되게 하고 팔로우 스루 동안 감속시키는 역할을 하고 임팩트 존에서는 헤드가 일직선으로 움직이게 하는 3가지 중요한 역할을 한다.
ⓒ 백스윙 과정에서 체중을 오른발 쪽으로 이동하여 역체중이동 현상이 발생하지 않도록 해야 한다.

(2) 지렛대의 원리 활용(손목코킹)

클럽과 왼팔은 힘의 효과를 높여주거나 속도를 높여 주는 기능을 하는 지렛대의 역할을 하게 된다. 백스윙 동안에 손목을 엄지손가락 방향으로 굽히는 동작을 코킹(cocking)이라 하는데 이 동작은 왼팔과 클럽을 두 개의 지렛대로 만드는 중요한

> 클럽과 왼팔은 힘의 효과를 높여주거나 속도를 높여 주는 기능을 하는 지렛대의 역할을 하게 된다.

역할을 한다. 왼팔꿈치를 약간 굽힐 경우에는 지렛대 수가 3개가 되어 클럽의 헤드스피드가 증가되어 볼의 비거리가 증가할 수 있으나 타이밍을 맞추기가 어렵고 심하게 굽히면 상해의 원인이 될 수 있으므로 조심해야 한다.

체력이 약하거나 몸의 유연성이 떨어질 경우에만 왼팔꿈치를 약간 굽혀 3지렛대 스윙을 하고 대부분의 경우에는 손목코킹으로 팔을 굽히지 않는 2지렛대 스윙으로 타이밍을 잃지 않고 힘 있는 스윙을 하는 것이 좋다. 이때 왼손 그립과 팔의 지나친 긴장은 슬라이스의 원인이 되므로 주의해야 한다.

2지렛대 백스윙 : 왼팔을 펴서 팔과 클럽이 지렛대 역할을 하게 된다.
3지렛대 백스윙 : 왼 팔꿈치를 약간 굽히면 3개의 지렛대가 되는 스윙

(3) 스윙면(plane)

① 업라이트(upright)한 스윙면이 되는 경우
ⓐ 팔 위주의 백스윙으로 테이크어웨이가 몸에서 멀어지면 발생하게 된다.
ⓑ 백스윙 시 클럽헤드가 밖으로 갔다가 포워드 스윙 때 안으로 들어오는 아웃-인의 스윙 궤도가 되어 풀 구질이 발생하기 쉽다.
ⓒ 헤드스피드가 느린 경우에는 슬라이스가 발생한다.

② 플랫(flat)한 스윙면이 되는 경우
ⓐ 몸통 위주의 백스윙으로 테이크어웨이가 몸에 가까워지면 발생하게 된다.
ⓑ 백스윙 시 클럽헤드가 안으로 갔다가 포워드 스윙 때 밖으로 나가는 인-아웃 스윙 궤도가 되어 푸시 구질이 발생하기 쉽다.
ⓒ 헤드스피드가 높은 선수의 경우에는 드로우 구질을 칠 때 의도적으로 플랫한 스윙을 하기도 한다.

③ 자신에게 맞는 스윙면을 만드는 방법
자신에 체격과 구질을 고려하여 몸통의 회전과 들어 올리는 팔 동작을 적절히 조정하여 아래의 순서로 연습하여 자신에게 맞는 스윙면을 찾아야 한다.

ⓐ 손목코킹을 시작한다.
ⓑ 체중을 왼쪽-오른쪽으로 약간 이동시킨다.
ⓒ 오른쪽 어깨와 힙은 목표선 안쪽으로 약간 회전시킨다.
ⓓ 오른쪽 무릎각은 어드레스 때와 같이 유지한다.
ⓔ 백스윙 탑이 되었을 때 샤프트가 목표선과 나란하도록 한다.

업라이트 백스윙 : 손목이 위로 젖혀지기 쉬워 슬라이스의 원인이 된다.
플랫 백스윙 : 백스윙 탑에서 클럽이 목표선을 벗어나는 lay off 현상이 생기고 손목이 아래로 꺾이면서 훅을 일으킬수 있다.

(4) 손목의 위치

백스윙 탑에서 왼 손목이 위로 젖혀지거나 아래로 꺾이면 클럽페이스가 열리거나 닫히게 되어 볼의 구질(위로 젖혀지면 슬라이스, 아래로 꺾이면 훅)이 바뀌게 된다. 좋은 샷을 위해서는 테이크어웨이 시 손이 허리 정도 높이에 왔을 때 왼 손등은 정면, 클럽헤드의 토우는 하늘을 향하도록 하고 몸을 회전하면서 엄지손가락 방향으로 들어 올려 백스윙 탑에서 왼 손목의 위치를 꺾이지 않게 해야 한다.

(5) 회전 중심

회전 중심(center of rotation)은 스윙 시 만들어지는 평면과 몸이 만나는 지점으로 보통 목 아래 부분이 된다. 회전 중심은 백스윙을 하는 동안에 상체를 굽히거나 펴서 상하 또는 전후 방향으로 움직이면 미스 샷의 주요한 원인이 된다. 그러나 드라이버 샷이나 강력한 샷을 위해서는 백스윙 시 스윙 중심을 5-10cm 정도 우측으로 이동했다가 포워드 스윙을 하면 도움이 될 때가 많다. 하지만 이 동작이 지나치면 스웨이(sway)라 하여 미스샷의 원인이 될 수 있다는 것을 명심해야 한다.

(6) 스윙의 크기

드라이버의 경우에는 백스윙 탑에서 지면과 샤프트가 수평이 되도록 풀스윙을 한다. 그러나 클럽의 길이가 짧아질수록 스윙의 크기도 작아지는 것이 일반적이다. 적당한 스윙의 크기를 유지하기 위해서는 백스윙 동안 오른쪽 무릎의 위치와 각도를 어드레스 때와 같이 유지하고 힙은 45도 이상 회전하지 않도록 주의해야 한다. 왼쪽 팔꿈치를 지나치게 굽히거나 스윙의 중심을 지나치게 움직여 오버스윙을 하면 타이밍을 맞추기가 어려워지고 몸의 연결동작에 문제가 생겨 샷의 컨트롤이 떨어지게 되고 일관성과 정확성, 비거리가 오히려 감소하게 된다.

클럽별 백스윙 크기 : 클럽의 길이가 짧아질수록 적게 한다.

백스윙 탑에서 왼쪽 팔꿈치 각도에 따른 스윙 크기

PGA
매뉴얼 이벤트#4

백스윙 탑 측면

클럽페이스는 닫힌 상태.

머리는 약간 내려간다.

두 팔은 오른쪽 어깨 위

팔꿈치는 아래를 향한다.

엉덩이를 약 45도 돌린다.

양쪽 무릎은 굽힌 상태로 유지한다.

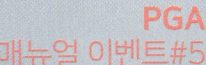

PGA
매뉴얼 이벤트#5

다운스윙 1 측면

클럽페이스는 약간 닫힌 채로 유지한다.

왼쪽 엉덩이와 무릎은 타겟 방향으로 이동하면서 열리게 되어 오른쪽 다리와 엉덩이보다 왼쪽에 있게 된다.

오른쪽 발의 뒤꿈치를 지면에서 약간 들어 올린다.

3. 포워드 스윙

(1) 타이밍

골프 샷에서 타이밍(timing)이란 스윙 동안에 각 신체분절이 동원되는 순서를 말하는데 이는 정확하고 강한 샷을 하는데 필수적인 요소 중 하나이다. 좋은 타이밍을 위해서는 백스윙을 하는 동안에는 정해진 순서가 없으나 다운스윙을 시작할 때에는 클럽에서 가장 먼 신체분절인 하체동작에서 시작하여 힙, 허리, 몸통, 어깨, 팔, 손목의 코킹을 풀어 주는 동작의 순서로 클럽에 가까운 신체분절의 동작이 나중에 이루어져야 한다.

타이밍을 좋게 하기 위한 연습방법

ⓐ 발을 모아 볼을 친다. ⓑ 눈을 감고 하체부터 시작하는 스윙 연습을 한다. ⓒ 아주 약한 샤프트로 된 클럽으로 느린 스윙으로 볼을 친다. ⓓ 백스윙 탑에서 멈췄다가 볼을 치는 연습을 한다.

(2) 연결동작

다운스윙1

다운스윙2

선수들의 경우 다운스윙 시작에서 임팩트까지 걸리는 시간은 약 0.2~0.3초 정도이다. 이 짧은 시간 동안 힙은 45도 이상 회전을 하게 되고, 어깨는 90도 이상 회전을 하며 손은 등 뒤 어깨 위에서 출발하여 어드레스 때의 원래 위치로 돌아오기 위해 백스윙 때보다 빨리 움직여야 한다. 이때 서로 인접한 분절들은 최상의 임팩트를 위해 서로 적당한 위치에 있어야 하는데 이것은 연결동작의 문제이다. 왼팔이 9시 방향에 왔을 때 클럽은 12시 방향을 향하고 있어야 하고, 그립이 허리 위치에 왔을 때는 클럽헤드가 허리 높이보다 위에 있어야 하고 그립 끝은 목표를 향하고 있어야 연결동작이 잘 이루어진 스윙이다.

(3) 스윙 반지름

골프에서 볼의 비거리를 향상시키기 위해서는 클럽헤드의 속도를 높여야 하므로 백스윙 동안에는 팔과 클럽을 회전 축 가까이로 가져와 회전 저항을 줄이고 임팩트 순간에는 스윙의 반지름을 높이기 위해 왼쪽 어깨를 들고 왼팔을 펴서 회전 반지름을 최대로 해야 임팩트 시 헤드스피드를 최대화할 수 있다.

(4) 릴리즈

백스윙 과정에서 생산한 에너지를 임팩트 순간에 100% 볼에 전달하면 릴리즈가 좋아져서 효율성이 높은 샷이 된다. 근력이 좋을지라도 임팩트 순간에 불필요한 긴장을 하면 백스윙 동안 축적된 에너지를 볼에 충분히 전달하지 못하는 블로킹(blocking) 현상이 일어나 샷의 릴리즈가 나빠지고 효율성이 떨어지는 샷이 된다. 릴리즈를 좋게 하여 샷의 효율성을 높이기 위해서는 클럽헤드에 무게를 달아서 스윙 연습을 하거나 임팩트 백을 치는 연습을 하는 것이 효과적이다.

PGA
매뉴얼 이벤트#6

다운스윙 2 측면

클럽페이스를 약간 닫아주면 손과
손목의 지나친 사용을 막아준다.

왼쪽 엉덩이는 오른쪽
엉덩이의 왼쪽으로 회전한다.

왼쪽 엉덩이와 몸통의 회전은
오른쪽 몸통이 샷을 진행하게
공간을 제공한다.

왼쪽 다리는 오른쪽 다리의
왼편으로 회전한다.

PGA 매뉴얼 이벤트#7

임팩트 정면

타겟쪽으로 엉덩이를 옮기면서 왼쪽 어깨가 올라간다.

전체 오른쪽 측면이 샷으로 이동하였는지 유의하라.

엉덩이의 이동으로 준비자세보다 약 4인치 정도 손의 위치가 목표 방향으로 움직인다.

4인치

체중은 대부분은 왼발에 둔다.

PGA
매뉴얼 이벤트#7

임팩트 측면

오른쪽 팔꿈치는 굽힌 상태로 왼팔 아래에 있다.

엉덩이는 약 45도 타겟을 향해 돌린다.

45°

오른쪽 뒤꿈치를 타겟을 향해 들어 올려서 돌린다.

클럽페이스는 스퀘어를 만든다.

PGA 매뉴얼 이벤트#8

팔로우 스루 정면

왼쪽 어깨를 위로 올리면서 왼쪽으로 회전해주어야 오른쪽이 아래에서 타겟 방향으로 움직일 수 있다.

시선은 볼을 향한다.

오른손은 왼쪽에 있는 사람과 악수하는 위치를 취한다.

오른쪽 팔을 완전히 편다.

오른쪽 어깨, 엉덩이, 무릎을 타겟 방향으로 진행 한다.

왼쪽 무릎을 쭉 펴서 오른 무릎이 왼 무릎 위치에 올수 있게 한다.

PGA
매뉴얼 이벤트#8

팔로우 스루 측면

머리를 제자리에 유지한다.

손목은 교차되지 않도록 주의한다.

(5) 임팩트

정확하고 강력한 임팩트를 위해서는 백스윙 과정에서 몸을 꼬아서(coil) 만든 에너지를 임팩트 때에는 완전히 풀어서(uncoil) 볼에 전달해야 한다. 이때 왼 손목은 코킹이 풀려야 하고 체중은 왼쪽에 있어야 하며, 오른쪽 팔꿈치는 약간 굽은 상태에서 오른쪽 바지 주머니를 향하도록 한다. 또한 클럽의 샤프트는 왼팔과 일직선이 되도록 해야 하며 클럽헤드가 손이나 팔보다 먼저 앞으로 나가지 않도록 해야 한다. 임팩트 순간에는 왼쪽 어깨에서 클럽헤드까지의 길이(스윙 반지름)가 최대가 되도록 하여야 헤드의 스피드를 향상시킬 수 있게 된다.

임팩트 시 주요 사항

- 힙의 회전과 체중이동으로 인해 몸의 오른쪽 부분이 약간 기울게 되고 왼쪽 어깨가 약간 들리게 된다.
- 대부분의 체중은 왼쪽 발에 실린다.
- 손목의 코킹이 이때 풀리면서 클럽의 속도는 최고가 된다.
- 힙이 타깃 쪽으로 45도 정도 열린다.

4. 팔로우 스루

팔로우 스루 시 주요 사항

· 왼쪽 힙은 열리고 어깨는 올라가면서 오른쪽 어깨와 팔이 타깃을 향해 잘 회전할 수 있는 공간을 만들어 준다.

· 샷 후 시선은 볼을 따라간다.

· 오른손이 타깃과 악수하는 위치에 오게 한다.

· 다운스윙에서 팔로우 스루까지 몸의 움직임은 많지만 머리는 거의 움직이지 않도록 한다.

5. 피니쉬

피니쉬 동작 시 주요 사항

· 오른쪽 어깨는 왼쪽 어깨보다 앞에 있다.

· 오른쪽 무릎은 왼쪽 무릎과 나란히 옆에 위치한다.

· 모든 회전이 끝난 후 복부가 타겟을 향한다.

PGA
매뉴얼 이벤트#10

피니쉬 정면

오른쪽 어깨를 왼쪽 어깨보다 앞에 둔다.

엉덩이는 어깨 앞에 있다.

오른쪽 무릎이 왼 무릎 옆에서 타겟을 향하고 있다.

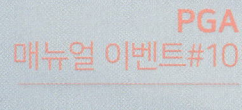

피니쉬 측면

PGA 매뉴얼 이벤트#10

몸 전체가 타겟을 향한다.

제 3 장

퍼팅의 기본과 연습법

그립 / 셋업 / 퍼팅 스트로크를 하는 방법 /
퍼터의 선택 / 그린 읽기 /
그 밖의 퍼팅 상 주의사항

　골프 경기에서 퍼팅(putting)이 타수의 40% 정도를 차지하기 때문에 좋은 스코어를 내기 위해서는 퍼팅 연습을 게을리 해서는 안 될 것이다. 타이거 우즈 선수가 그랜드 슬램을 달성하며 9승을 올린 2000년의 평균 퍼팅 수는 1.717로 퍼팅 랭킹 2위를 차지하여 퍼팅 기술의 향상이 우승에 큰 기여를 하였다.
　퍼팅의 기본은 퍼터를 잡는 그립과 셋업, 스트로크 하는 방법, 자기에게 맞는 퍼터 선택 방법, 그린 읽기 등으로 나눌 수 있다.

1. 그립

리버스 오버랩 그립

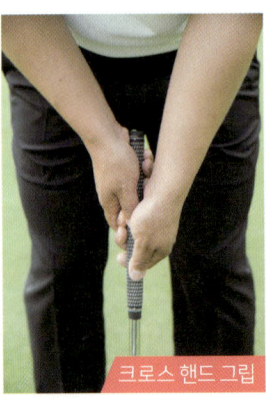
크로스 핸드 그립

폴 런얀 그립

두 손을 분리시켜 잡는 그립

(1) 리버스 오버랩 그립(reverse overlap grip)

가장 많은 선수가 선호하는 그립 방법으로, 일반 골프채를 잡는 오버랩 그립에서 왼쪽 검지손가락을 밖으로 잡는 역오버랩 방법이다.

(2) 크로스 핸드 그립(cross-handed grip)

최근 많은 선수들이 사용하는 방법으로 왼손을 오른손보다 내려 잡는 그립이다. 이는 임팩트 순간 왼쪽 손목의 꺾임을 억제할 수 있어 짧은 거리의 퍼팅에 유리한 그립이다. 아놀드 파머 선수가 "다시 골프를 시작한다면 스윙은 바꾸고 싶지 않지만, 그립은 이 방법을 선택하고 싶다"고 하였던 방법이다.

(3) 폴 런얀 그립(paul runyan grip)

퍼팅의 귀재라는 폴 런얀 선수의 그립 방법으로 양 손바닥이 45°위쪽을 향하게 잡는 방법이다. 두 손의 그립 강도를 같게 하고 왼 손목의 꺾임을 억제하는 데 유리하다.

(4) 두 손을 분리시켜 잡는 그립(split-handed grip)

주로 긴 퍼터를 사용할 때 이용되는 그립으로, 두 손을 분리시켜 잡으며 오른손으로 컨트롤하는 그립이다.

2. 셋업(set up)

스탠스

투어 프로의 평균 두 발 간격은 30~45cm이고, 목표선과 평행을 이루도록 놓으며, 발끝이 같은 스퀘어 스탠스와 왼발이 뒤로 빠지는 오픈 스탠스, 오른발을 뒤로 빼는 클로즈드(closed) 스탠스가 있다.

오픈 스탠스는 퍼팅 라인을 읽기 좋고 특히 오른쪽 눈이 주시(主視)인 사람에게 유리한 스탠스이다. 오른발을 뒤로 빼는 클로즈드 스탠스는 퍼팅 스트로크를 인사이드에서 아웃으로 할 수 있기 때문에 볼을 바깥쪽에서 안쪽으로 깎아 치는 사람들에게 권할 만하다.

볼의 위치

스탠스 중앙과 왼발 앞꿈치 사이에 놓여야 클럽이 올라가면서(upswing) 볼이 맞으므로 유리하다.

볼과 나와의 간격

왼쪽 눈이 내려다보는 위치가 이상적이며, 이 위치보다 가깝게 볼을 놓으면 퍼팅 궤도가 아웃에서 인으로 당겨 치기 쉽고 너무 멀리 놓으면 지나치게 인에서 아웃으로 스트로크가 되어 홀 오른쪽으로 나가는 미스 샷이 나올 수 있다.

몸의 자세

긴장을 풀고 허리는 앞으로 구부리고 두 팔은 어깨 밑으로 늘어뜨려야 한다. 어깨 라인은 두 발의 라인과 나란히 하고 스퀘어 스탠스를 취할 때는 목표선과 평행이 되도록 한다.

퍼팅 에임

퍼팅 실패의 주요 원인이 되므로 볼과 홀컵 사이에 중간 목표점을 정하고 목표 겨냥하는 방법을 연습하여야 한다.

3. 퍼팅 스트로크를 하는 방법

(1) 퍼팅의 성공요인

① 정확한 퍼팅 에임

레이저나 장비를 이용하여 목표 겨냥 방법을 연습하는 것이 매우 효과적이다.

② 퍼터 중앙에 볼을 맞추기

퍼터 페이스에 볼이 닿는 부분만큼 남기고 티를 부착하여 퍼팅 연습을 하면 많은 도움이 될 것이다.

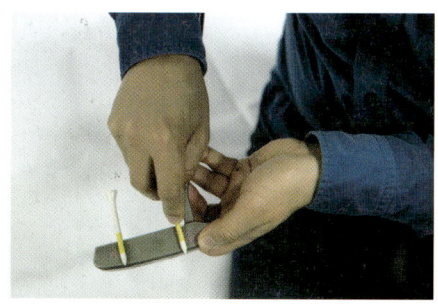

③ 가속을 이용한 스트로크

퍼터를 볼에 붙여 앞으로 미는 연습을 하거나 아주 짧은 백스윙을 하고, 두 배 이상의 팔로우 스루를 해 주는 연습을 한다.

④ 부드러운 그립

강한 그립보다는 약한 그립이 유리하고 긴 거리 퍼팅은 손목을 약간 사용하는 것이 거리 조절에 도움이 될 수 있으며 짧은 거리 퍼팅은 되도록 손목을 사용하지 않는 편이 방향성에 좋다.

4. 퍼터의 선택

자신에게 맞는 퍼터를 고르는 일은 매우 중요하다. 어떤 퍼터가 자신에게 적합하며 오늘 자신에게 맞다고 해서 내일도 그 다음 달에도 자신에게 맞는 퍼터일까?

① 퍼터의 선택은 아주 주관적인 문제이다.

어떤 투어 프로에게는 잘맞는 퍼터가 다른 프로에게는 지독하게 안 맞을 수 있다. 어떤 아마추어에게 효과적인 것이 다른 아마추어에게는 아무런 효용이 없을 수 있다. 이것이 우리가 그토록 다양한 퍼터를 가지게 되는 이유 중 하나이다. 가장 좋은 점유율을 차지한 퍼터는 있었지만, 한 가지 브랜드가 시장을 완전히 독점한 경우는 한 번도 없었다. 그만큼 사람마다 퍼터에 대한 취향이 다르기 때문이다.

② 퍼터를 선택할 때 고려해야 할 사항들

전체 디자인과 전체 무게, 퍼터 헤드 스타일(blade, head-toe weighted), 로프트, 샤프트 종류와 길이, 그립 재질과 사이즈, 모양 등을 고려해야 한다.

③ 느린 그린에서는 무거운 퍼터를, 빠른 그린에서는 가벼운 퍼터를 선택하는 것이 좋다.

실제로 그린 스피드에 맞추어 매주 퍼터를 바꾸는 투어 프로는 거의 없다. 이보다 그들은 단순히 자신들의 생각과 속도에 맞춘다고 하지만, 만약 당신이 주로 골프를 하는 그린이 느린 편이라면 중량이 무거운 퍼터를 선택하는 것이 현명하다.

퍼터의 스펙

	로프트	라이	길이	무게
평균 이하	2.0	69	32인치	10온스
평균	4.0	73.5	35.5인치	11.5온스
평균 이상	6.0	79	37인치	13온스

5. 그린 읽기

그린 읽기(green reading)는 볼과 홀 사이에 경사로를 측정하는 것과 볼과 홀 사이 잔디의 종류와 잔디의 결이 어느 방향으로 누워있는지를 감지하는 일이다.

① 그린속도(green speed)

그린속도는 퍼팅 그린 표면에서 볼이 얼마나 빨리 구르고 멈추는지에 대한 정도를 의미한다. 그린속도를 평가하기 위한 다양한 방법과 도구 중 하나가 스팀프미터(stimpmeter)이며 미국의 심슨의 속도막대기를 USGA의 기사 토마스가 디자인하여 1976년에 완성하였다. 스팀프미터의 재질은 알루미늄이고, 길이는 36인치로 V형의 홈이 난 폭 1.75인치의 막대기 모양을 하고, 윗부분으로부터 6인치의 위치에 볼을 놓는 곳을 만든 것으로 측정방법은 다음과 같다.

ⓐ 그린 위에서 수평면을 찾아 스팀프미터에 볼을 올려놓고 점검한다.

ⓑ 스팀프미터의 리딩에지(leading edge) 가까이에 있는 그린에 티를 꽂는다. 스팀프미터의 끝에서 15cm 지점에 있는 홈에 볼을 집어넣고 스팀프미터의 끝을 천천히 들어 올린다. 스팀프미터의 경사가 20°가 될 때 볼은 막대기 아래로 굴러갈 것이다. 스팀프미터가 흔들리지 않게 손으로 잡고 볼 3개를 굴린다.

ⓒ 볼 3개 사이의 거리가 20cm가 넘으면 결과를 신뢰할 수 없기 때문에 테스트를 다시 해야 한다. 만약 모든 볼이 반경 20cm 내에 있다면 볼의 반경 중심을 선택하고 그린에 다른 티를 꽂는다.

ⓓ 위 단계를 반복하되 동일한 선의 반대 방향으로 볼을 굴린다. 위와 같은 방법으로 볼이 멈추는 평균 지점을 티로 표시한다.

ⓔ 두 번의 테스트 결과의 평균 거리를 산출한다. 이 결과가 그린 스피드이며 거리의 숫자가 클수록 그린이 빠른 것이다.

다음은 USGA에서 권장하는 그린속도이다.

USGA 권장 그린속도

속도(Speed)	거리(Length)
Slow	4.5 feet (1.4 m)
Medium	6.5 feet (2.0 m)
Fast	8.5 feet (2.6 m)

U.S. Open 대회 권장 그린속도

속도(Speed)	거리(Length)
Slow	6.5 feet (2.0 m)
Medium	8.5 feet (2.6 m)
Fast	10.5 feet (3.2 m)

② 볼과 홀 간의 경사 즉 오르막과 내리막의 경우

볼에서 홀까지의 거리와 좌우 경사를 고려해야 한다.

③ 그린 잔디의 종류에 따른 퍼팅 시 고려사항

그린 잔디의 종류, 넓이, 높이, 잔디결의 방향은 볼이 굴러가는 방향과 거리에 상당한 영향을 미친다. 잔디가 윤기가 나 보이면 잔디 결이 홀 쪽으로 누워 있다는 증거이며 볼의 구름이 빠르다. 반면 윤기가 없이 진하게 보이면 결이 볼 쪽으로 누워 있기 때문에 볼의 구름이 느려진다. 잔디 결은 일반적으로 내리막 쪽으로 결이 누워 있으며, 바람이 부는 방향, 물을 주면 물이 흐르는 방향, 해가 비치는 방향으로 눕게 된다.

④ 높은 산에 위치한 그린이나 바닷가에 인접한 그린 읽기

높은 산에 만든 골프장의 경우, 그린의 경사는 성토양이 많은 곳이 시각적으로 높아 보이나, 전체적으로 경사가 산 반대쪽으로 되어 있기 때문에 볼은 산 반대쪽으로 구르고(mountain break), 바닷가에 인접한 골프장 그린 볼은 바닷쪽으로 구른다(ocean break).

6. 그 밖의 퍼팅 상 주의사항

· 볼의 속도가 느릴수록 경사에 영향을 많이 받게 된다.
· 브레이크(break)의 60%는 홀로부터 1m 이내에서 일어나게 된다.
· 볼의 위치를 눈이 내려다보는 시선보다 멀리 두면 홀 오른쪽으로 밀어 치기 쉽고, 시선 안쪽에 두면 당겨 쳐 홀 왼쪽으로 미스하기 쉽다.
· 강한 바람이 불면 균형을 잃게 되고 스트로크에도 방해를 주어, 스탠스를 넓게 하고 몸을 구부리는 것이 도움이 된다.
· 퍼터의 감속이 일어나는 것을 막기 위해 팔로우 스루를 백스윙보다 두 배 길게 하는 것이 유리하다.
· 샌드웨지 날로 퍼팅을 연습하면 스트로크의 정확성을 높이는 데 도움이 된다.
· 퍼팅도 풀스윙과 마찬가지로 가벼운 그립으로 자연스럽게 부드러운 스윙을 할 수도 있고, 단단한 그립으로 지렛대 효과를 이용한 스트로크를 구사할 수도 있다.
· 경사가 급한 내리막 퍼팅은 헤드스피드를 줄이기 위해 샤프트 아래를 잡는 것이 도움이 될 수도 있다.
· 거리가 먼 롱 퍼팅 때는 그립을 단단히 잡는 것이 거리 조절에 도움이 된다.

- 브레이크가 오른쪽에서 왼쪽으로 심한 짧은 퍼팅은 퍼터 토우 쪽으로, 반대로 왼쪽에서 오른쪽으로 경사가 심한 브레이크는 퍼터 힐 쪽으로 볼을 가격하는 것이 유리하다.
- 어드레스 때 왼쪽 어깨가 닫힌 상태에서는 안에서 밖으로 가는 스트로크를 하기 쉽고, 어깨가 열린 상태에서는 밖에서 안으로 가는 스트로크를 하게 되므로 어깨를 스퀘어로 유지하면 타깃을 향하는 스트로크를 만드는 데 도움이 된다.
- 체중을 왼발 뒤꿈치 한 지점에 실으면 몸이 움직이는 것을 막을 수 있다.
- 축소시킨 목표물에 퍼팅 연습을 하면 초점을 모으는 기술 연마에 도움이 되고 실제 홀이 크게 보이는 데 도움이 된다.
- 퍼터가 만드는 궤도의 잘못보다 잘못 맞추어진 퍼터 페이스 각도가 더 큰 영향을 미친다.
- 먼 거리를 측정하는 거리 감각은 머리를 좌우로 기울여 보는 것보다 똑바로 세워 수평으로 보는 것이 더 정확하다.
- 먼 거리 퍼팅 때는 홀 하나만 머리에 주입시키는 것보다 홀 주위에 2~3개 사물을 함께 주입시키는 것이 거리 감각에 큰 도움이 된다.
- 레이저를 이용한 그린 읽기, 완벽한 볼, 가장 과학적으로 디자인된 퍼터, 좋은 스트로크가 있다 하더라도 이들을 사용할 만한 자신감이 없다면 아무 소용이 없다. 퍼팅의 자신감과 영감은 연습으로만 얻을 수 있다.

제 4 장

코스 공략법

골프 코스의 이해 / 상황별 코스 공략

1. 골프 코스의 이해

(1) 골프 코스의 설계 유형

골프 코스의 4가지 유형은 벌칙형(penal style), 영웅형(heroic style), 전략형(strategic style), 프리웨이형(freeway style)이 있다.

① 벌칙형(penal style)

ⓐ 경사가 가파르고 돌출된 부분을 자연상태 그대로 플레이 라인상에 두어 완벽하지 않은 샷에는 반드시 벌칙을 주기 위하여 각종 방해를 설치하는 코스의 형태이다.

ⓑ 일반적으로 벌칙형 디자인은 그린에 도달하는 길이 딱 한 가지 있으며, 잘못 친 샷은 심각

> 해저드(hazard) : 모든 워터 해저드(water hazard)와 벙커(bunker)를 말한다.

한 곤란을 당하도록 되어 있는 홀을 말한다.

ⓒ 심각한 벌칙은 물, 좁은 골짜기, 경계 바깥쪽 탈출하기 불가능한 해저드에 볼을 빠뜨리게 되는 것이다.

ⓓ 18홀 중에서 5개 이상이 벌칙 개념으로 디자인되어 있으면 코스 전체가 벌칙형으로 설계되었다고 할 수 있다.

스루 더 그린(through the green) : 현재 플레이 하고 있는 홀의 티잉 그라운드, 퍼팅 그린 및 코스 안에 있는 해저드를 제외한 코스의 전 지역을 말한다.

② 전략형(strategic style)

ⓐ 전략적 설계 개념의 본질은 대부분의 홀에 그린으로 나아가기 위한 경로가 여러 가지 방법이 있고, 각각 경로마다 다른 해저드를 구비하고 있기 때문에 골퍼들이 티에서 그린(green)까지의 가는 길을 전략적으로 결정해야 하도록 코스를 설계하는 것이다.

ⓑ 전략적 코스는 기술이 떨어지는 골퍼에게 패널티를 주지 않으면서 좋은 샷을 구사하는 사람이 보상받을 수 있게 하고, 각각의 경기자가 장점을 극대화하고 단점을 최소화할 수 있도록 설계된 것이다.

③ 영웅형(heroic style)

골퍼가 위험을 과감히 극복하면 보상을 주는 형태로 소심한 골퍼는 해저드를 피해갈 수 있지만 그린까지 엄청나게 긴 경로를 돌아가야 하는 반면에 과감한 골퍼는 해저드가 밀집한 지역을 지나면 방해물이 없이 두 번째 샷을 할 수 있다. 영웅형 코스는 잘 하는 골퍼 사이의 실력 차이를 효과적으로 증폭시킨다.

④ 프리웨이형(freeway style)

프리웨이형 골프 코스는 별로 굴곡이 없이 평평하게 포장된 길이 있고, 페어웨이의 가장자리가 일직선상으로 평행하게 나 있으며, 빠른 이동을 위해 방해물을 주 진로의 양쪽으로 배치한다. 페어웨이에 있는 잔디를 일직선으로 깎아서 페어웨이를 따라 나무를 일직선으로 심어 골퍼의 통로를 안내하는 것처럼 조성한다. 프리웨이형 골프 설계의 목적은 골퍼가 통로와 같은 페어웨이를 따

라 쉽게 이동할 수 있게 하고, 골퍼에게 선택의 기회를 주지 않으며, 페어웨이 이외의 지역에서는 커다란 페널티를 주는 것이다.

⑤ 현대 디자인의 경향
ⓐ 최근에는 전략적인 코스의 미와 자연스럽게 보이는 복합성이 받아들여지기 시작하는 추세이다.
ⓑ 아마추어 골퍼에게는 불편을 주지 않으면서도 잘하는 경기자가 실력에 따라 보상받을 수 있게 하고, 동시에 코스의 경관이 좋도록 하자는 데 있다. 즉, 공정성과 미학의 조화를 이루는 것이다.
ⓒ 단순히 경쟁만을 위한 게임이 아니라 휴식과 취미로서의 의미도 가질 수 있도록 코스가 설계되는 경향을 보이고 있다.
ⓓ 현대골프 코스의 주요 설계 기준은 정확하고, 편안하며, 흥분되고, 성취감이 있으며, 재미있어야 한다.

(2) 골프 코스 설계의 기본

① 골프 코스의 구성
골프 코스는 그린(green), 티잉 그라운드(teeing ground), 스루 더 그린(through the green), 해저드(hazard : water hazard, bunker), 나무와 장애물들로 구성되어 있다.

② 정규 골프 코스
정규 골프 코스를 설계할 때 다음과 같은 기본 개념을 사용한다.

- 홀 수 : 18홀
- 파(Par) : 72타
- 중간 티(Regular Tee) 코스 길이가 6,300~6,700야드, 평균6,500야드.
- 18개 홀 : 파 3홀(Par 3 Hole)이 4개, 파 4홀(Par 4 Hole)이 10개, 파 5홀(Par 5 Hole)이 4개, 파 72.
- 9개 홀 : 5개 홀은 파 4홀, 2개 홀은 파 3홀, 2개 홀은 파 5홀로 구성.

③ 파(par)

USGA는 파(par)를 핸디캡이 없는 골퍼가 요행이나 실수가 없는 보통의 기상조건하에서 퍼팅 그린(putting green)에서 2타를 허용하는 실수 없는 플레이라고 정의하고 있다. 파 3홀은 티에서 그린에 올리는 데(on green) 1타(shot)와 그린 위에서 2타(stroke), 파 4홀은 그린까지 2타와 그린 위에서 2타, 파 5홀은 그린까지 3타와 그린에서 2타를 허용한다.

USGA 파(par)별 거리 (단위 : 야드)

par	man	woman
3	250이하	210이하
4	251~470	211~410
5	471이상	411~575
6	-	576이상

④ 야디지 레이팅(yardage rating), 난이도 측정과 코스 레이팅(course rating)

가. 야디지 레이팅(yardage rating)

야디지 레이팅이란 각 홀 또는 전 코스의 길이만을 기준으로 한 야드(yard) 평가치이다. 공인 측량사가 각 홀의 티잉 그라운드(teeing ground) 중심에서 페어웨이 중심 플레이 선을 따라 그린의 중심부까지 거리를 측량한 수치를 이용하여 산출한다. 이 수치는 단지 거리만을 표시한 평가치이다.

- 한 홀의 야디지 레이팅 : 측량한 홀의 거리(yards)/220(180)+40.9(40.1)/18
- 18홀 야디지 레이팅 : 전 코스의 거리(yards)/220(180)+40.9(40.1)

220은 스크래치 플레이어(scratch player)의 평균 드라이버 거리를 수치로 나타낸 것이며, (180)은 여자의 경우이다. 40.9는 그린(green)에서의 평균 타수를 나타내는 것이며, (40.1)은 여자의 경우이다.

나. 난이도 측정

난이도란 임의의 코스를 플레이할 때 제반 요소를 검토하여 쉽고 어려운 정도를 객관적으로 측정한 수치이다. 난이도 측정은 공인단체(대한 골프 협회)에서만 할 수 있으며 검토되어야 할 요소는 다음과 같다.

- 습도와 온도를 확인한다.

- 스루 더 그린(through the green)의 넓이를 고려.
- 페어웨이(fairway), 타겟(target)지역의 폭, 경사도 등 제반 조건
- 타겟(target)지역의 벙커(bunker)나 해저드(hazards)의 배열, OB지점, 근처의 나무나 숲의 위치 등을 고려
- 그린의 크기, 시야 범위, 경사, 고도 등
- 코스의 전반적인 경사도와 페어웨이 경사도
- 심리적인 불안감 : 쉽게 플레이를 할 수 없는 심리적인 압박감 등이다.

각 요소들을 세밀히 검토하여 배점 기준에 의해 각 홀별로 측정한 후 전 코스의 난이도를 측정 산출한다.

각 홀별 배점

홀당 ±0.1 아무리 어려워도 +0.1스트로크, 쉬워도 -0.1스트로크를 넘지 못한다.

전 골프 코스의 난이도 배점은 ± 1스트로크를 초과하지 못한다.

위의 제반 요소가 아무리 어려워도 +1스트로크, 쉬워도 -1스트로크 이상을 부여할 수 없는 것이다.

(표1-6) 난이도 배점의 예

구분	스루 더 그린 (through the green)	그린(green)
PAR 5	0.06	0.4
PAR 4	0.05	0.5
PAR 3	0.033	0.066

다. 코스 레이팅(course rating)

코스 레이팅이란 코스의 야디지 레이팅(yardage rating) 수치와 난이도(difficulty) 측정 수치를 합한 것이다. 야디지 레이팅이 70.25이며 난이도가 +0.7이라면 A 코스의 코스 레이팅은 70.95가 된다. 공인단체가 코스 레이팅을 마친 후 골프장에 통보되면 이를 공포하고 스코어 카드에 반드시 코스 레이팅을 기입하여야 한다. 코스 레이팅은 핸디캡 결정에 사용된다.

⑤ 복합 티(multiple tees)

많은 골프 코스는 표준 블루(blue), 화이트(white), 레드(red)티를 사용하는 쓰리 티 시스템(three-tee system)을 사용하고 있다.

티의 수와 설치에 대해 정해진 규정은 없으므로, 추가의 다른 티를 더 첨가할 수 있다.

복합 티 시스템(multiple tee system)을 사용하면 아래와 같은 이점이 있다.
· 경기자들의 능력을 다양하게 발휘할 수 있다.
· 티 마커(tee marker)의 위치를 바꿈으로써 매일 매일 다양한 경기의 기회가 많아진다.
· 티 마커(tee marker)를 자주 바꾸어 티의 잔디가 회복될 시간이 많아진다.

(3) 잔디와 퍼팅 그린

골프는 잔디에서 행하여지는 경기이며 잔디의 종류 및 상태에 따라 볼의 역학적 기능이 달라지게 된다. 따라서 잔디의 식물적 특성에 관한 지식과 정교한 퍼팅이 요구되는 그린의 구조와 조성 원리를 이해하는 것이 경기력 향상을 위해 중요하다.

① 잔디의 식물학적 특성

세계적으로 골프장에 이용되는 잔디는 약 20여 종으로서 다른 식물과 달리 지면을 피복하는 능력을 가지고 밟기에 견디는 성질이 강한 다년생 식물군이다. 골프장 잔디는 운동 등의 사용에 따라 여러 가지 손상이 왔을 때 빠르게 생육하여 회복되어야 하고 잔디 깎기에 대한 강인한 재생력을 가져야만 한다.

가. 지면 피복성(ground cover)
나. 내답압성(tolerance to traffic injury)
다. 재생력(regrowth)

② 잔디 종류별 특성

골프장 잔디는 일반적으로 난지형 잔디(warm-season turfgrass)와 한지형 잔디(cool-season turfgrass)로 나눌 수 있다. 난지형 잔디(warm-season turfgrass)는 생육하는 적당 온도가 25-35℃이고 한지형 잔디(cool-season turfgrass)는 15-25℃로서 한국의 겨울에도 녹색을 유지할 수 있다.

가. 난지형 잔디(warm-season turfgrasses)

난지형 잔디의 자라는 적당한 온도는 25-35℃이고 습도가 많고 온도가 높은 지역에 많이 사용되고 우리나라와 같이 한지와 난지가 함께 하는 전이지대(transition zone)에 걸쳐서 널리 분포되어 있다. 일반적으로 한지형 잔디보다 낮게 자라며(초장이 짧음) 낮은 깎기에 강하며 뿌리가 깊고 내건성, 내마모성이 높은 편이나 저온에 약하고 엽색이 변하며 우리나라의 겨울철에는 한해로 인해 지상부는 누렇게 변한다. 대표적인 종류로는 미국의 남부지역이나 중동지방에서 널리 식재되는 버뮤다그라스류(bermudagrass)와 우리나라 안양중지(koreana), 제니스(zenith) 일본 등지의 페어웨이, 러프에 식재되는 한국잔디류(zoysiagrass spp.) 등이 있다.

버뮤다그라스류

한국잔디류

나. 한지형 잔디

생육 최적 온도는 15-25℃이고 뿌리 생육에 적합한 토양 온도는 10-18℃로 추운 지역과 우리나라와 같이 한지와 난지가 함께 하는 전이지대(transition zone)등 온대 지역에서부터 아한대 지역에 걸쳐 널리 재배되는 종류이다. 대표적인 종류로는 벤트그라스(bentgrass), 블루그라스(bluegrass)로써 원래 사료 작물로 많이 재배되어 왔으나 지속적인 품종개량으로 현재 잔디용으로 품종이 많이 육종되어 있다.

벤트그라스류(bentgrass)

ⓐ 우리나라의 모든 그린에 식재된 잔디이며 세계적으로 가장 널리 쓰이고 있다.

ⓑ 한냉습윤지역과 전이지역에 적합한 초종으로 외국이나 제주도 일부 골프장에서는 페어웨이에 식재된 경우도 있다. 낮은 예초와 높은 관리 수준에서는 높은 질감과 극도의 밀도, 균일성 및 질이 좋은 잔디밭을 형성한다.

ⓒ 관리가 어렵고 비료, 농약의 요구도가 높다.

블루그라스류(bluegrass)

ⓐ 한지형 잔디 중 한냉습윤 기후대와 전이지대에 가장 많이 이용

ⓑ 대표적인 종류는 캔터키블루그라스로 한지형 잔디 중 여러 가지 불리한 환경에 견디는 힘이 가장 높은 편이다.

벤트그라스류

블루그라스류

2. 상황별 코스 공략

골프의 매력은 지형, 풀, 코스 모양, 바람, 기온, 지형의 높낮이 등 조건과 상황의 지속적인 변화에 도전을 요구하는 것이라고 할 수 있다. 다양한 변화 속에서 상황을 극복하는 법을 배우는 것은 필수 조건이다. 특별한 샷이 요구되는 상황을 파악하고, 그에 따른 해결방법을 익히는 것은 골프 경기력 향상에 기본이 된다.

(1) 볼의 위치에 따른 코스 공략법
① 업힐 라이에서의 샷
우리나라처럼 산악 지역에 골프장이 많은 경우에는 스탠스를 취했을 때 왼발이 오른발보다 높은 업힐 라이(uphill lie)를 자주 경험하게 된다.

업힐에서는 어떤 실수

업힐 라이에서는 왼발 쪽으로 체중이동이 어려워지고, 낮은 오른발에 체중이 치우쳐 스윙 궤도가 인사이드로 당겨지는 경향이 생긴다. 따라서 풀(pull) 구질이 자주 발생하게 되고, 자연스런 스탠스를 취했을 경우 로프트 각이 커지게 되어 볼의 탄도는 높아지고 비거리가 짧아지게 된다.

업힐 라이에서 발생하는 이러한 실수를 줄이기 위한 방법

ⓐ 왼쪽 무릎을 많이 굽혀서 체중이 실리게 하고(좌:우=60:40), 지면과 몸이 수직이 되도록 스탠스를 취하여 어깨선이 지면과 평행하게 한다.
ⓑ 볼의 위치는 경사가 심할수록 스탠스의 왼쪽에 놓는다.
ⓒ 거리의 손실을 보충하기 위하여 경사도를 감안하여 긴 클럽을 잡는다.
ⓓ 풀 구질이 나는 것을 대비하여 목표의 오른쪽을 겨냥해 스윙을 한다.

다운힐 라이에서의 샷

② 다운힐 라이에서의 샷
ⓐ 업힐 라이에서와 마찬가지로 지면과 몸이 수직이 되고, 오른쪽 무릎을 굽혀 어깨선이 지면과 평행하게 스탠스를 취하여 몸이 낮은 쪽으로 치우치지 않도록 주의한다.
ⓑ 볼의 위치는 스탠스의 중앙보다 약간 뒤쪽에 둔다.
ⓒ 탄도가 낮아져서 비거리가 늘어나게 되므로 풀스윙보다는 안정된 3/4 스윙을 하는 것이 좋다.
ⓓ 푸시에 대비해 목표의 왼쪽을 겨냥해 스윙한다.
ⓔ 업힐과 다운힐 라이에서는 정상적인 라이에서와 같은 편안한 감(feel)이 생길 때까지 몇 차례의 연습스윙을 한 후에 샷을 하는 것이 바람직하다.

업힐 라이에서의 샷

(2) 특별한 상황에서의 공략법
① 디봇에서의 탈출

디봇(divot : 볼을 친 자국)에 들어가 있는 볼을 칠 때는 다음 사항들을 염두에 두는 것이 좋다.

ⓐ 볼을 오른쪽 발뒤꿈치 쪽에 놓고, 그립을 잡은 손은 왼쪽 허벅지 앞에 두는 볼 백 : 핸드 포워드(ball back : hand forward) 자세를 취한다.

ⓑ 테이크 백을 할 때 손목을 이용하여 가파르게 클럽을 들어 올린다.

ⓒ 다운스윙은 강한 그립을 잡고 볼을 땅속으로 쳐 넣는 기분으로 볼의 뒷부분을 내려친다.

ⓓ 이런 샷은 탄도가 낮아져서 착지 후에 런(run)이 많고, 왼쪽에서 오른쪽으로 휘게 되므로 이를 고려해야 한다.

② 러프(rough)

긴 러프에서 탈출하는 방법은 볼이 놓여 있는 지형 조건, 핀의 위치, 그린의 조건 등에 따라 달라진다. 볼이 풀 위에 떠 있는가, 완전히 묻혀 있는가, 그리고 러프의 깊이가 얕은가 혹은 깊은가 등의 상황에 따라 클럽의 선택이 달라져야 한다.

가. 플라이어 라이

볼이 젖은 잔디위에 있거나 페어웨이 보다 긴 잔디 위에 놓여 있어 임팩트 시 볼과 클럽페이스 사이에 물이나 잔디가 끼일 수 있는 경우를 플라이어 라이(flyer lies)라 한다. 이런 상황에서는 임팩트 시 백스핀이 걸리지 않기 때문에 평소보다 비행탄도가 낮고 비거리가 늘어나거나 지면에 떨어져도 런이 많아지므로 한두 클럽 짧게 사용해야 한다. 또한 오픈 스탠스를 취하고 볼을 스탠스 앞쪽에 놓는다. 클럽페이스를 목표와 스퀘어하게 한다. 가능하면 볼을 공중에 띄워서 런을 줄인다.

나. 러프에서의 샷

러프의 풀이 깊고 볼의 비구선과 반대 방향으로 자란 풀 속(역결)에 놓여 있을 때는 볼을 탈출시키는 것이 급선무이므로, 로프트가 큰 클럽을 사용해야 한다. 이런 상황에서는 비거리가 짧아지므로 이를 보충하기 위해 로프트가 적은 긴 클럽을 사용하는 것은 클럽이 풀에 감겨서 깊은 러프를 탈출하지 못하게 되어 더 큰 문제를 야기시킬 수 있으므로 주의해야 한다. 라이에 따라 원하는 만큼의 비거리가 나오지 않더라도 러프에서 우선 탈출해야 한다. 이를 위해 아래사항을 지켜야 한다.

ⓐ 로프트가 많은 클럽을 사용할수록 클럽헤드가 볼과 더 정확하게 접촉하게 된다.

ⓑ 로프트 각이 크면 볼이 공중에 쉽게 떠오를 수 있고, 볼이 쉽게 러프에서 벗어날 수 있다.

ⓒ 러프의 영향으로 임팩트 순간에 클럽페이스는 닫히게 되어서 평소보다 로프트의 영향이 감소된다.

ⓓ 러프에서는 풀이 자란 방향과 관계없이 공통적으로 백스핀이 걸리지 않아 런이 많다는 점을 기억해야 한다.

ⓔ 가파르게 백스윙하여 포워드 스윙을 가파르게 볼과 클럽 사이에 풀이 덜 끼이게 한다.

ⓕ 목표보다 왼쪽을 겨냥하여 스윙한다.

③ 나무 옆에 있는 경우

볼이 숲 속에 있을 경우에는 최대한 볼을 띄우거나 낮게 치는 샷을 할 것이 아니라 우선 위기를 탈출할 수 있는 가장 좋은 공간을 선택해야 한다. 정상적인 샷을 했을 때 그 공간을 통과할 수 있는 클럽을 선택한다. 페어웨이로 탈출하는 것이 최선이므로 페어웨이로 안전한 샷을 하도록 한다.

④ 그린 주변 벙커 샷

일반적으로 벙커 안에 볼이 있을 때 많은 타수를 잃을 수 있다. 왜냐하면 벙커에 볼이 들어가면 벙커를 탈출하는 데만 집중하기 때문이다. 벙커 샷에 원리를 알고 연습한다면 더 이상 벙커 샷에서 탈출이 목표가 아니라 핀에 가까이 공략하는 목표를 가지고 샷을 구사할 수 있을 것이다.

ⓐ 왼발을 오픈시켜주고 스탠스를 모래에 단단히 고정시켜 잡는다.

ⓑ 클럽페이스를 오픈시켜준 후 그립은 약간 슬라이스(위크)그립을 잡는다.

ⓒ 에임은 왼발과 클럽페이스를 오픈시킨 것을 고려하여

잡는다.
ⓓ 다운스윙 시 체중이 오른발에 남아 있으면 클럽헤드가 모래에 박히는 원인이 되므로 체중을 미리 왼발 쪽에 두고 체중이 왼쪽에 남아있는 백스윙을 한다.
ⓔ 아웃-인 궤도로 모래를 강하게 떠낸다는 느낌으로 스윙한다. 이때 클럽페이스를 오픈된 상태로 피니쉬까지 유지한다.
ⓕ 스윙 모양은 V자 형태로 임팩트 시 속도를 줄이지 않는다.

벙커 샷을 할 때의 주의사항
ⓐ 볼이 모래에 박혀 있는 경우 페이스를 오픈시키지 않는다. 볼이 모래에 박혀 있을 때 페이스가 열려있으면 바운스에 볼이 맞아 벙커 턱을 넘기 힘들다.
ⓑ 볼이 모래에 박혀있으면 가파르게 다운스윙을 하되 팔로우 스루를 짧게 한다.
ⓒ 오르막이나 내리막 벙커 샷을 할 때에는 셋업 시 어깨선을 벙커와 평행을 이루게 만들어야 한다.
ⓓ 40m 이상의 긴 거리 벙커 샷은 9번 아이언을 사용하는 것도 좋다.

⑤ 페어웨이 벙커
대부분의 아마추어 골퍼들은 페어웨이 벙커에서 많은 타수를 잃게 된다. 안정적인 결과를 얻기 위해서는 다음과 같은 내용을 참고하면 페어웨이 벙커를 공략하는 데 도움이 된다.
ⓐ '확실하게 판단하여 공략한다'. 페어웨이 벙커에서는 그린을 직접 공략해야 하는 상황과 벙커 안에서 탈출해야 하는 상황을 확실하게 판단하여 공략한다. 벙커의 턱이 높거나 볼이 모래에 박혀 있거나 라이가 좋지 않은 경우 무리하게 그린을 공략하기보다는 벙커 안에서 탈출만 시도한다.
ⓑ 스탠스를 견고히 고정시키고 평소보다 허리 각도를 세운다.
ⓒ 그립은 1인치 아래를 잡는다.
ⓓ 백스윙 탑에서 왼 손등이 하늘을 보는 것보다 정면을 보는 것이 좋다.
ⓔ 포워드 스윙 시 몸통회전을 평소보다 적게 하고 리듬은 끊기지 않고 한 번에 연결되어야 한다.

제 5 장

골프 스윙 오류의 원인과 결과 및 수정

●● 스윙분석과 처방 : 준비 단계

원 칙	지나친 경우	스윙에 일어나는 현상	구 질	처 방
그립	스트롱 그립	1) 인-아웃 2) 플랫스윙면	푸시, 훅	시계 반대방향으로 그립 수정
	위크 그립	1) 아웃-인 2) 업라이트 스윙면	풀, 슬라이스	시계 방향으로 그립 수정
에임	몸이 열린 경우	1) 타겟 왼쪽 겨냥 2) 아웃-인	풀, 슬라이스	스팟 에임으로 에임을 수정
	몸이 닫힌 경우	1) 타겟 오른쪽 겨냥 2) 인-아웃	푸시, 슬라이스	
셋업	볼 위치가 왼쪽	1) 아웃-인 2) 헤드 닫힘	훅	자신에게 맞는(앞, 뒤, 좌, 우) 볼 위치 파악
	볼 위치가 오른쪽	1) 인-아웃 2) 헤드 열림	슬라이스	
	볼 위치가 먼 경우	1) 인-아웃 2) 피니쉬 좋음	드로우, 훅	
	볼 위치가 가까운 경우	1) 아웃-인 2) 피니쉬 나쁨	◇풀, 슬라이스	

	머리를 숙인 경우	1) 백스윙이 작아짐 2) 스윙 중심이 움직임	슬라이스	머리를 들고 힙을 뒤로 내밀어 머리와 척추를 직선에 가깝게 한다.
	허리를 많이 굽힌 경우	1) 업라이트 2) 플라잉 엘보	슬라이스	
	체중이 왼발에 쏠린 경우	1) 아웃-인 2) 스윙 궤도 업라이트	푸시, 슬라이스	적당한 체중 분배
	체중이 오른발에 쏠린 경우	1) 인-아웃 2) 스윙 궤도 플랫	풀, 훅	

●● 골프 스윙 분석과 처방 : 백스윙 단계

원칙	지나친 경우	스윙에 일어나는 현상	구질	처방
체중 이동	역체중이동	인-아웃	풀, 슬라이스	체중이동 훈련
	지나친 체중이동	아웃-인	슬라이스, 뒷땅	
스윙면	업라이트한 경우	1) 아웃-인 2) 피니쉬 나쁨	1) 방향 좋음 2) 슬라이스	자신에 맞는 스윙면의 개발
	플랫한 경우	1) 인-아웃 2) 피니쉬 좋음	1) 거리 좋음 2) 훅	
지렛대 원리	코킹을 안 한 경우	스윙 크기가 작아짐	거리 감소	적절한 코킹 방법
	왼 팔꿈치를 굽힌 경우	1) 스윙 크기가 커진다. 2) 몸통을 적게 쓰게 됨	1) 뒷땅 원인 2) 비거리 감소	1) 약간 굽히는 것은 ok 2) 많이는 no good
손목의 꺾임	왼 손목이 위로 꺾인 경우	클럽페이스가 열림	슬라이스	정상적인 코킹으로 손목이 꺾이지 않게
	오른 팔꿈치가 밖을 향한 경우	클럽페이스가 열림	슬라이스	몸통과 팔 동작을 적절히 배합
스윙 중심	앞 뒤로 움직이는 경우	1) 인-아웃 2) 업라이트	많은 미스샷의 원인	어깨 긴장 완화로 스윙 중심 고정
	아래 위로 움직이는 경우	1) 업라이트 2) 아웃-인		
백스윙 크기	너무 큰 경우	타이밍 맞추기가 어려워짐	뒷땅, 탑핑	클럽에 따라 적절한 백스윙 크기를 익힌다.
	너무 작은 경우	클럽페이스가 열리기 쉽고 타이밍 맞추기 힘듬	1) 뒷땅, 탑핑 2) 거리 감소	

●● 골프 스윙 분석과 처방 : 포워드 스윙 단계

원 칙		스윙에 일어나는 현상	구 질	처 방
타이밍	포워드 스윙을 팔부터 시작하는 경우	1) 아웃-인 2) 클럽페이스가 열림	1) 슬라이스 2) 비거리 감소 3) 탑핑, 뒷땅	하체부터 포워드 스윙 시작
릴리즈	코킹을 일찍 푸는 경우	1) 지나친 긴장 2) 오른팔 위주의 스윙	◇슬라이스, 훅	손이 볼을 지나고 코킹을 푸는 연습을 한다.
아크크기	왼 팔꿈치를 굽혀서 다운스윙할 경우	◇스윙 크기를 줄인다.	1) 비거리 감소 2) 탑핑, 뒷땅	포워드 스윙 시 왼팔의 긴장을 풀어 임팩트 시 팔꿈치가 펴지도록 한다.
임팩트	오른팔 위주 스윙을 할 경우	◇왼 손목이 꺽이게 된다.	1) 훅 2) 뒷땅, 탑핑	포워드 스윙의 시작을 왼팔, 임팩트는 오른팔
	오른 팔꿈치가 몸에서 많이 떨어진 경우	1) 몸과 팔 동작이 분리 2) 아웃-인	◇풀, 슬라이스	1) 볼의 위치를 조정 2) 하체 리드 스윙
연결 동작과 팔로우 스루	왼쪽 겨드랑이를 몸에 붙일 때	◇클럽헤드 회전 증가로 클럽이 닫힌다.	◇드로우	양 겨드랑이와 몸통과의 적절한 압력 유지

제 6 장
연습방법

1. 헤드스피드를 향상시키는 연습

① 클럽을 거꾸로 잡고 스윙하기
드라이버를 거꾸로 잡고 스윙하는 연습방법이다.
'휙'하는 소리가 임팩트 지역에서 나도록 연습한다. 소리가 클수록 속도 또한 높다는 뜻이다.

② 야구 스윙 연습
야구 스윙처럼 허리 높이에서 빠르고 강하게 스윙 연습을 한다.
점차적으로 허리를 숙여 가면서 스윙을 한다.
클럽이 바닥에 닿도록 크게 스윙한다.

③ 임팩트의 정확성을 위한 연습방법
가. 퍼팅 연습
티나 성냥개비 두 개를 퍼터의 타격면에 볼 한 개 넓이만큼 띠우고 테이프로 붙여 스위트 스팟(sweet spot)을 표시한다.
티나 성냥개비에 볼이 닿지 않도록 주의하며 퍼팅 연습을 한다.

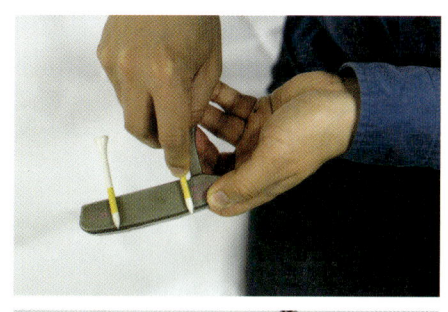
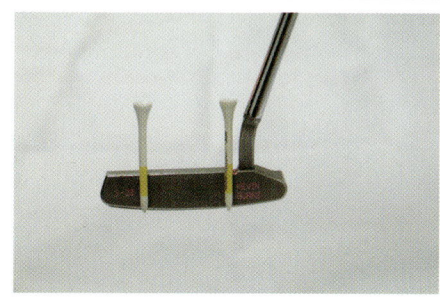

나. 타격면 테이프 연습
마스킹 테이프 조각을 클럽 타격면에 부착한다.
타격 후 볼이 남긴 흔적으로 타격 위치를 판별한다.

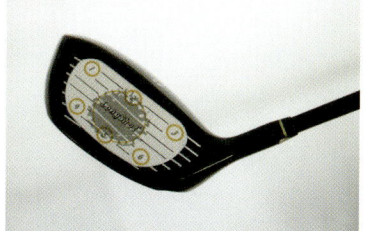

④ 헤드의 접근 각도를 작게 하는 방법

가. 경사면 연습
오른발 쪽이 낮은 자연적인 언덕을 찾거나, 적절한 판 등으로 경사면을 만든다.
이런 조건에서 스윙 연습을 하면 백스윙이 낮아져 접근 각도가 작아진다.

나. 샤프트를 이용한 방법
쓰지 않는 샤프트의 그립 끝부분이 땅에서 1~2피트(30~60cm)가량 경사지게 꽂는다.
클럽헤드가 이 아래를 통해 가도록 백스윙과 포워드 스윙을 하면 어프로치 각도가 평탄해진다.

2. 방향(정확성)을 향상시키는 연습

① 임팩트 시 클럽페이스를 스퀘어하게 하는 연습방법

가. 타격 연습

임팩트 백을 사용하여 임팩트 시 클럽페이스가 직각이 되도록 스윙한다.

여러 클럽을 사용하여 타격 시 왼팔과 손목이 일자를 이루도록 한다.

나. 직각 연습

백스윙 후 임팩트에서 스윙을 정지하여 바닥에 표시한 직선이나 직각 표시에 타격면이 직각이 되는지 확인하면서 스윙 연습을 한다.

② 스윙 궤도 연습방법

가. 아웃-인 스윙 궤도를 수정하는 연습

원하는 클럽을 쥐고 클럽헤드가 땅에서 1.5피트(45cm)가량 떨어지도록 낮게 들어 올린다.

천천히 백스윙을 한다.

백스윙 한 궤적보다 조금 더 아래쪽으로 포워드 스윙을 한다(약간의 8자 스윙 형태).

나. 그려진 궤적선(painted path lines) 연습

자기가 원하는 스윙 궤도를 만드는 연습방법이다.

빨간 목표선을 긋는다.

자기가 원하는 백스윙 궤적과 포워드 스윙 궤적을 흰색으로 긋는다.

스트레이트 샷은 흰선 안쪽으로 백스윙하여 밖으로 포워드 스윙을 한다.

페이드 샷은 흰선 바깥에서 안으로 들어오는 스윙을 한다.

3. 그립

① 허공(in the air) 연습

ⓐ 오른손으로 그립의 윗부분을 잡아 얼굴 높이까지 들어 올린다.

ⓑ 클럽을 약간 오른쪽으로 비틀어 그립이 왼쪽 가슴 앞에 오도록 한다.

ⓒ 왼손을 뻗어 2-3 손가락 관절이 보이도록 잡는다.

ⓓ 왼손으로 그립을 잡고 오른손을 그대로 천천히 그립으로 이동시키면서 텐핑거 그립, 오버래핑 그립, 인터로킹 그립 중 편안한 그립을 형성하도록 한다.

② 밀리터리 그립 연습

ⓐ 차려 자세로 서서 클럽을 왼쪽 다리 바깥 편에 두어 왼손으로 그립을 잡는다.

ⓑ 왼손으로 클럽헤드가 하늘을 향하도록 턱 높이까지 들어 올린다.

ⓒ 오른손으로 원하는 그립을 잡는다.

ⓓ 클럽을 밑으로 내려 리딩 엣지가 타켓과 수직이 되는지 확인한다.

4. 조준

① 평행 클럽 연습

ⓐ 클럽 하나를 목표 방향으로 놓고, 이 클럽과 평행하도록 다른 클럽을 놓는다.
ⓑ 목표 방향 클럽은 볼의 방향과 클럽 타격면이 직각인지를 확인하기 위함이다.
ⓒ 평행한 클럽은 두 발과 엉덩이, 어깨선이 평행이 되도록 해야 한다.

② 그려진 조준선(painted aim lines) 연습

골프 코스 마킹 페인트를 이용해 풀밭에 조준선을 그린다.

풀 샷을 위해서는 평행선, 퍼팅 연습을 위해서는 T자 선, 치핑 샷, 피칭 샷, 벙커 샷 연습을 위해서는 오픈 스탠스 선을 그리면 된다.

5. 셋업

① 볼의 위치를 결정하는 방법

ⓐ 그립을 잡고 손목을 코킹한 후 턱 높이까지 들어 올린다.
ⓑ 가슴에 가벼운 압박이 느껴질 때까지 천천히 그대로 팔을 내린다.
ⓒ 엉덩이를 중심으로 상체를 앞으로 기울여 클럽이 땅에서 2~3인치(5~7cm) 가량 떨어진 위치로 오게 한다.
ⓓ 클럽이 땅에 닿을 때까지 무릎을 굽힌다.

ⓔ 이때 클럽을 쥔 양손은 왼쪽 다리에서 앞으로 6인치(15cm) 가량 떨어진 곳에 둔다.

ⓕ 땅에 닿은 클럽헤드의 중심이 볼의 적당한 위치이며, 눈에서 아래로 그은 수직선 위치가 된다.

6. 백스윙 크기 조절

① 거울을 이용한 스윙 크기 조절 연습

거울에 테이프를 머리 높이에 수평과 수직으로 붙인다.

여러 가지 클럽을 거울 앞에서 스윙하여 클럽의 샤프트가 수평선과 수직선을 기준으로 적당한 위치에 있는지 확인한다.

7. 회전의 반지름을 크게 하는 방법

① 소총 총열(rifle barrel) 연습

ⓐ 백스윙 후 타격점을 지나서 샤프트가 지면과 수평이 되도록 허리 높이까지 팔로우 스루를 한다.

ⓑ 왼팔이 약간 굽힌 상태로 팔이 몸의 가까이 위치하도록 한다.

ⓒ 이 자세를 20-30초 유지한다.

ⓓ 다시 자세를 풀고 전 과정을 반복한다.

ⓔ 훅 샷은 왼 손등이 바닥을 향하도록 하여 클럽페이스가 바닥 쪽으로 기울어지도록 한다.
ⓕ 슬라이스를 하려면 왼 손등이 하늘 쪽으로 기울어지도록 한다.
ⓖ 스트레이트 샷은 악수하듯이 오른손을 세운다.

스트레이트

훅

슬라이스

② **가볍게 잡기(lighten up) 연습**

그립을 최대한 단단히 잡고(가장 단단히 잡았을 때를 10) 스윙을 한다. 다음에는 그립을 잡는 힘을 8, 6, 다음에는 4 정도로 점점 낮추어 가면서 스윙 연습을 하면서 그립 잡는 압력을 줄인다.

스윙이 그리는 호의 궤적이 얼마나 확장되고, 땅에 얼마나 쉽게 접근하는지 느낀다.

8. 코킹 연습하기

① 먼저 코킹하기

ⓐ 어드레스 자세를 취한다.
ⓑ 손목을 엄지손가락 방향으로 꺾어 지면을 기준으로 약 70도 이상으로 테이크 어웨이 한다.
ⓒ 몸과 팔을 이용하여 최대한 백스윙을 한다.

② 하프 그립 연습

ⓐ 왼손으로 그립을 잡는다.

ⓑ 오른손은 샤프트의 절반 지점을 잡는다.

ⓒ 왼팔을 쭉 펴고, 오른손으로 샤프트를 당겨 왼 손목이 꺾이도록 한다.

ⓓ 왼팔을 편 상태에서 주로 오른손으로 샤프트를 당겨 백스윙 탑을 만든다.

ⓔ 왼 손목이 엄지손가락 방향으로 코킹된 느낌을 느끼며 반복 연습한다.

9. 스윙 중심을 고정하는 훈련

① 머리를 벽에 대고 하는 연습

머리를 벽에 대고 두 팔을 밑으로 내려 두 손을 잡는다.
머리 위치를 유지하면서 숏아이언 샷 크기의 스윙을 한다.
스윙이 커질수록 좌우로는 약간 움직이게 하고, 팔로우 스루가 진행되면서 머리가 회전하도록 한다.

② 머리 제어 연습

셋업 자세를 잡은 뒤, 다른 사람으로 하여금 클럽의 그립 부분을 머리 윗부분에서 가까운 위치에 두게 한다.
스윙 시 머리가 들려서 클럽에 닿지 않도록 연습한다.

10. 타이밍 연습

① 하나-둘-셋-넷 연습

하나~~~두~~~울 하면서 백스윙을 한다.
셋 할 때 방향 전환이 이루어진다.
넷을 할 때는 빠르게 포워드 스윙을 한다.

11. 릴리즈

① 야구 스윙 연습

클럽을 땅에서 1.5피트(45cm) 가량 떨어지게 한 다음, 낮은 투구를 치는 야구 선수처럼 스윙 연습을 한다.
점차 스윙 높이를 낮추면서 릴리즈 감을 느끼도록 한다.

② 악수 연습

오른쪽에 있는 사람과 악수하듯이 허리 높이에서 샤프트가 지면과 수평이 되게 백스윙 자세를 취한다.
오른 팔꿈치를 적당히 굽히고, 몸도 오른팔을 따라서 약간 따라 돌린다.

포워드 스윙을 한다.

왼쪽에 있는 사람과 악수하는 자세가 되도록 오른팔을 완전히 펴고 샤프트가 지면과 수평이 되는 자세를 취한다.

팔과 그립의 힘을 빼고 반복 연습을 한다.

12. 동적 균형

① 다리 들기 연습
ⓐ 체중이동을 위해 백스윙에서 왼쪽 다리를 땅에서 들어 올린다.
ⓑ 포워드 스윙 중에는 왼발을 다시 땅에 놓는다.
ⓒ 팔로우 스루가 진행되면서 체중을 왼쪽으로 이동한다.
ⓓ 피니쉬에서는 오른발이 살짝 들리게 한다.
ⓔ 반복 연습을 하면서 다리를 들어 올리는 높이를 점점 낮게 한다.

② 오른쪽 무릎으로 왼쪽 무릎 치기 연습
ⓐ 스탠스를 좁힌 상태에서 팔로우 스루 때 왼 무릎은 목표 왼쪽으로 이동하고 오른쪽 무릎은 왼쪽 무릎으로 이동하여 접촉하도록 한다.
ⓑ 이때 오른쪽 발꿈치는 완전히 들리고 무릎은 목표를 향하도록 한다

13. 손목이 꺾이지 않도록 하는 연습

① 연습 : 자세를 잡기 위한 프리셋 연습
ⓐ 그립을 잡은 상태에서 몸 앞에서 손목을 약 70도 정도 각도로 꺾어 올린다.
ⓑ 클럽헤드가 하늘을 향하고 리딩 엣지가 목표 방향과 수직인가 확인한다.
ⓒ 손목의 변화를 주지 않고 백스윙을 한다.
ⓓ 클럽과 손목의 위치를 느낀다.

② 거울 이미지 연습
ⓐ 몸의 오른편이 거울을 향하도록 선다.
ⓑ 백스윙 탑에서 클럽이 목표선과 평행한지 확인한다.
ⓒ 클럽페이스가 약 45도이고 왼팔과 왼 손등이 나란한지 확인한다.

14. 스윙면

① 클럽 중간을 잡고 연습
ⓐ 목표선을 긋는다.
ⓑ 클럽의 중간 부분을 잡고 스윙을 한다.
ⓒ 그립 아랫부분이 목표선을 따라 움직이는지 확인한다.

15. 연결동작

① 상체 동작을 위한 연습
ⓐ 헤드커버 두 개를 겨드랑이에 끼운다.
ⓑ 헤드커버가 겨드랑이에서 빠지지 않도록 주의하며 웨지 샷 연습을 한다.
ⓒ 스윙을 할 때에 팔과 몸의 연결동작에 대한 감각을 익힌다.

② 클럽을 몸에 붙이고 스윙하는 연습
ⓐ 두 손으로 샤프트 중심부를 잡고 클럽이 수평이 되도록 그립 끝부분을 배에 댄다.
ⓑ 골프 스윙을 하듯이 앞뒤로 상체를 회전시킨다.
ⓒ 손과 전완, 몸에 상호관계와 동작을 익힌다.

16. 치핑과 피칭

① 임팩트 시 클럽헤드가 손보다 먼저 나가는 것을 막는 연습

ⓐ 피칭 클럽의 그립 끝부분을 잘라낸다.

ⓑ 여기에 낡은 드라이버 샤프트를 끼워 넣어 길이를 늘린다.

ⓒ 연장된 부분이 옆구리를 찌르지 않도록 스윙 연습한다.

ⓓ 왼 손목을 꺾을 경우 헤드가 손보다 먼저 나가면서 연장된 부분이 옆구리를 찌르게 된다.

> 그린 인 레귤레이션
> (정해서 그린 라운드 플레이 하기)

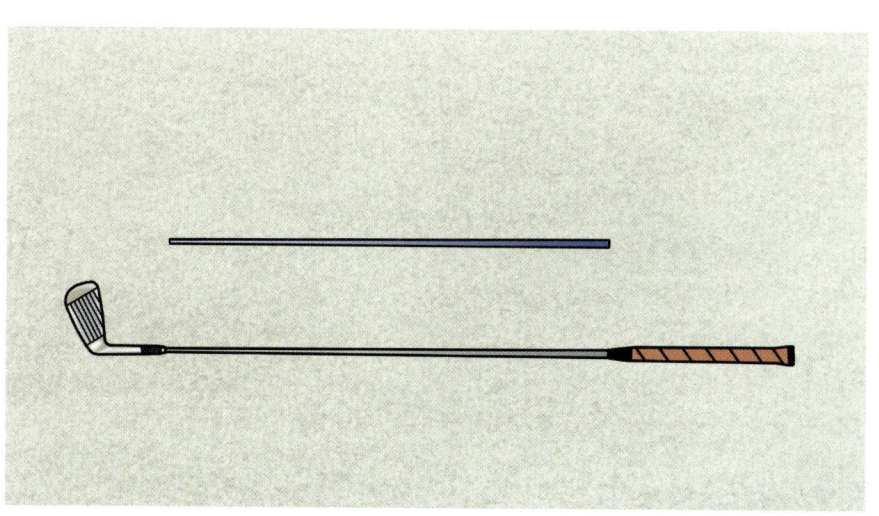

② 왼 손목 꺾이지 않게 유지하는 연습

클럽헤드 릴리스가 너무 빨리 일어나지 않게 하는 해결 방안은 다섯 가지이다.

ⓐ 매끈하고 평평한 막대기를 왼손 장갑 안에 넣어 손등이 꺾이는 것을 막도록 한다.

ⓑ 그립 꼭대기에 티를 꽂고, 티 끝이 몸을 향하지 않도록 주의하며 스윙 연습을 한다.

ⓒ 셋업 상태에서 팔과 클럽이 Y자가 되게 한다. 스트로크의 시작부터 끝까지 Y자 포지션을 유지하도록 연습한다.

ⓓ 임팩트 시 클럽의 로프트 각을 줄이면서 타격하는 연습을 한다(핸드퍼스트).

ⓔ 오른손으로 왼손 엄지를 눌러 오른손으로 스트로크를 이끈다는 느낌으로 스윙을 한다.

17. 벙커 샷

① 선을 긋고 연습하는 방법
ⓐ 모래 위에 10피트(3m) 정도 길이의 직선을 긋는다.
ⓑ 선을 볼 위치 7cm 뒤라고 생각하고 양발을 벌려 스탠스를 취한다.
ⓒ 선을 치고 들어가는 스윙을 연습한다.
ⓓ 친 자국이 선과 일치되도록 반복 연습을 한다.
ⓔ 볼을 선에서 약 3인치(7cm) 앞에 두고 연습을 한다.

② 오버랩 릴리스 연습
ⓐ 오른손으로 왼손을 완전히 감싸 쥐는 그립을 잡는다.
ⓑ 오른손에 과도한 압력이 가해지면 스윙 속도가 느려지므로 부드럽게 잡는다.
ⓒ 이 그립으로 볼을 치는 연습을 하면 피니쉬에 도움이 된다.

18. 퍼팅

① 퍼터 밀기 연습
ⓐ 홀컵과 30~60cm가량 떨어진 짧은 거리에 볼을 사방에 둔다.
ⓑ 볼의 오른쪽에 퍼터 페이스가 홀컵과 직각이 되도록 갖다 댄다.
ⓒ 퍼터를 홀컵 중심을 향해 민다.
ⓓ 이때 퍼터가 충분히 가속되도록 한다.
ⓔ 거리와 위치를 바꾸어 가면서 반복 연습한다.

② 퍼팅 속도 연습
ⓐ 오른손만으로 퍼터를 잡고 다양한 거리에서 백스윙의 크기와 스윙 속도에 대한 감을 익힌다.
ⓑ 이때 손목은 움직이지 않도록 한다.
ⓒ 왼손으로 바꾸어 똑같은 연습을 한다.
ⓓ 각 손을 따로 연습할 때의 감각과 동작으로 양손으로 퍼터를 잡고 연습한다.

19. 시합 및 게임

① 퍼팅
가. 10회 연속
ⓐ 홀컵에서 2피트(60cm) 떨어진 곳에서 10개의 퍼팅을 한다.
ⓑ 10개 모두 성공하면 거리를 1피트(30cm)씩 늘려가는 방법으로 경쟁한다.

나. 동서남북
ⓐ 홀컵을 중심으로 2피트 거리에 사방으로 볼을 둔다. 4개 모두 성공하면 1피트씩 거리를 늘린다.
ⓑ 20회 퍼팅하여 성공한 수로 경쟁한다.

② 피칭과 치핑
ⓐ 티를 이용하여 적당한 크기의 원을 만든다.
ⓑ 한 위치에서 5회씩 피칭 또는 치핑을 한다.
ⓒ 성공한 횟수를 센다.
ⓓ 위치를 바꾸면서 경쟁한다.

③ 벙커 시합

ⓐ 참가자 3명이 벙커 안에서 순서를 정한다.

ⓑ 순서대로 벙커 샷을 한다.

ⓒ 홀컵에 가장 가까운 사람에게 2점, 그 다음으로 가까운 사람에게 1점, 가장 멀리 떨어진 사람에게는 0점을 준다. 홀 아웃은 4점이다. 정해진 점수를 먼저 따면 이기는 게임이다.

ⓓ 참가자가 1명이 늘어나면 한 점씩 더 부과한다.

④ 풀스윙 시합

가. 그린 인 레귤레이션(greens in regulation, 정해서 그린 라운드 플레이하기)

ⓐ 정해진 거리와 범위를 통과하는 드라이버 5개의 샷으로 경쟁한다.

ⓑ 세컨드 샷을 위한 그린을 정하고 5개의 샷을 실시하여 숫자를 센다.

ⓒ 100야드 미만의 짧은 그린을 정하고 5개 중 성공한 샷의 수를 정한다.

ⓓ 성공한 샷의 수를 합산하여 서로 경쟁한다.

제 7 장

골프 티칭법

1. 학습과정

ⓐ 지도자가 정보를 제시한다.
ⓑ 정보를 제시하는 방법은 말을 통해서, 보는 것을 통해서, 감각을 통해서 전달한다.
ⓒ 학습자는 말은 귀를 통해서, 보는 것은 눈을 통해서, 감각은 내부감각수용계를 통해서 받아들인다.
ⓓ 시청각 교육이란 눈을 통해 보는 것과 귀를 통해 듣는 것과 우리 몸의 내부에 있는 감각기관을 통해서 느끼는 감을 통해서 교육하는 것이다.
ⓔ 골프 지도자는 때로는 말(설명)로, 때로는 보여 주는 것(시범)을 통해서, 때로는 직접 몸으로 실행하면서 느끼는 감을 통해서 지도해야한다.

2. 지도자가 주는 신호(cues)

① 말로 전달하는 신호
골프 스윙하는 방법을 언어를 사용하여 설명하는 방법이다. 학습효과가 가장 떨어지는 지도법이다.

② 시각을 통한 신호
사진이나 영상 또는 실제 골프동작을 시범하여 방법을 보여 주는 지도법이다. 설명보다는 좋은 지도방법이다.

③ 감각을 통한 신호
모든 운동 기술은 몸의 감각기관을 이용하여 느낄 수 있도록 연습이나 훈련을 해야 한다. 골프도 스윙을 계속 반복 연습함으로써 우리 몸이 느끼면서 배우게 된다.

④ 가장 좋은 지도방법은 지도자가 위 3가지 방법을 잘 활용하는 것이다.

3. 학습 순환과정

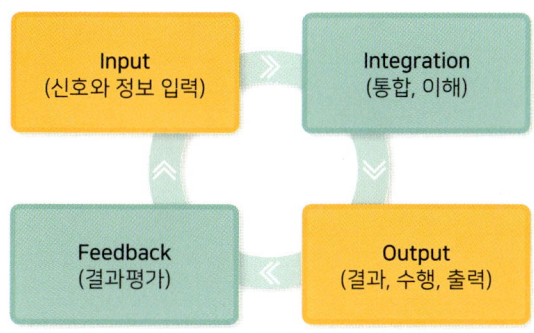

4. 학습 과정의 변화

성장 발전(improvement)
학습의 효과로 기술이 계속 발전하는 과정

고원, 정지(plateauing)
학습에도 불구하고 기술의 발전이 없는 과정

회기, 퇴보(regression)
　학습에도 불구하고 기술이 오히려 퇴보하는 과정

5. 학습효과의 정지나 퇴보를 극복하는 방법

　ⓐ 사진이나 동영상과 같은 시각적 자료를 최대한 활용한다.
　ⓑ 우수 선수와 자신을 비교하여 차이점을 찾아본다.
　ⓒ 감을 높일 수 있는 각종 티칭장비를 활용한다.
　ⓓ 학습자의 스타일(시각, 청각, 감각)을 고려하여 지도한다.
　ⓔ 동기유발을 하고 경쟁적인 환경을 조성한다.

6. 체력이 약한 어린이, 여성이나 고령자를 위한 지도 시 권장사항

　ⓐ 강한 그립(strong grip)을 잡게 한다.
　ⓑ 백스윙 크기를 크게 하기 위해서 클로즈드 스탠스를 잡는다.
　ⓒ 볼을 스탠스 중앙에 놓는다.
　ⓓ 가볍고 치기 쉬운 클럽을 선택한다.
　ⓔ 유연성과 근력을 증가시키는 운동을 병행한다.
　ⓕ 숏게임 연습에 집중한다.
　ⓖ 흥미를 잃지 않도록 지도한다.

●● 미스 샷의 주요원인

스윙 단계	탑핑(Topping)	뒷땅(Chunking)
	볼의 윗부분을 쳐 굴러가는 샷	볼을 치기전에 볼뒤의 땅을 먼저치는 샷
준비 단계	· 오른손 손바닥 너무 깊숙이 오른손 주도의 그립을 잡으면 왼팔을 충분히 펴지 못하게 되어 임팩트 시 클럽헤드가 올라가게 되어 볼의 윗부분을 치게 된다.	· 지나치게 오른손을 많이 쓰는 그립을 잡으면 타이밍을 놓치게 되고, 클럽헤드가 일찍 풀리게 되어 볼 뒤의 땅을 치게 될 가능성이 높아진다.
	· 지나치게 왼쪽을 겨냥할 경우	· 너무 오른쪽을 겨냥하면 갑자기 내려치는 경향이 생겨 뒷땅을 치기 쉽다.
	· 볼이 너무 오른쪽이나 멀리 있는 경우 많이 발생	· 볼이 너무 왼쪽에 있는 경우
백스윙 단계	· 백스윙이 너무 길어 스윙 중심이 올라갔다가 임팩트 시 되돌아오지 않으면 탑핑 가능성이 높아진다.	· 지나치게 짧은 백스윙은 포워드 스윙을 서두르게 만들어 뒷땅의 원인이 된다.
	· 체중이동이 되지 않으면 스윙 최저점이 볼보다 오른쪽에서 일어나 볼의 윗부분을 치기 쉽다.	· 체중이동이 되지 않을 경우
	· 스윙 중심(목부분)이 볼에서 멀어지거나 볼 뒤(우측)로 이동하면, 잡아당기는 스윙을 하게 되어 볼 위를 치게 된다.	· 스윙 중심이 볼의 오른쪽에 있으면 볼의 뒷부분 땅을 치게 되는 경향이 있다.
	· 궤도가 극단적으로 플랫하지 않는 이상 거의 영향을 끼치지 않는다.	· 스윙이 지나치게 플랫하거나 헤드의 접근 각도가 너무 클 경우
	· 왼쪽 팔을 지나치게 굽히거나 완벽하게 일직선으로 유지하기 위해 긴장할 경우 어깨와 클럽을 위로 당겨 탑핑의 원인이 된다.	· 왼팔과 손목을 지나치게 많이 굽히면 타이밍과 릴리즈를 방해하여 뒷땅의 원인이 된다.
포워드 스윙 단계	· 너무 이른 코킹 릴리즈는 볼의 윗면을 치는 원인이 된다.	· 클럽헤드가 손보다 먼저 가는 스윙(릴리즈가 빠른스윙)을 할 경우
	· 임팩트에서 왼팔을 구부려 아크(arc)를 줄이는 것은 토핑을 일으키는 아주 흔한 원인이다.	· 셋업 시 팔을 충분히 펴지 않으면 뒷땅을 치기 쉽다. · 팔과 손, 몸이 서로 분리된 동작을 하여 타이밍을 못 맞추는 경우
	· 위에서 언급한 어떤 실수를 할 경우에도 볼의 윗부분을 치는 실수를 하게 된다.	· 클럽헤드가 지면에 부딪히게 되면 속도가 줄게 되어 볼에 전달되는 에너지 또한 감소해 볼의 거리가 감소한다.

스윙 단계	슬라이스(Slice)	훅(Hook)
	볼이 목표보다 우측 방향으로 휘는 샷	볼이 목표보다 좌측 방향으로 휘는 샷
준비 단계	· 약한 그립(weak grip)을 잡는 경우 · 그립에 힘을 너무 많이 주면 릴리즈를 방해하여 슬라이스의 원인이 된다.	· 지나친 강한 그립(strong grip) 잡는 경우 · 그립 압력이 너무 약하거나 그립의 너무 끝부분을 잡는 경우
	· 타겟 오른쪽을 목표 겨냥을 하면 본능적으로 아웃-인 스윙을 만들어 볼이 시계 방향으로 회전하는 슬라이스 발생	· 어드레스 때 클럽페이스를 왼쪽으로 조준할 경우
	· 볼에 너무 가까이 또는 멀리 어드레스하면 페이드나 슬라이스 샷이 발생 · 볼을 너무 오른발 쪽으로 놓게 되면 슬라이스의 원인이 된다.	· 스탠스 왼쪽에 볼을 두는 경우 페이스가 닫히면서 임팩트가 되어 훅 발생 · 어드레스 때 회전의 중심(상체)을 볼 뒤로(우측) 기울이고, 스윙하는 경우 계속 그 자리에 두면 클럽페이스가 닫히게 된다.
백스윙 단계	· 긴 클럽으로 너무 짧게 스윙하면, 클럽 페이스가 스퀘어로 만들어질 시간적 여유가 없어 임팩트 순간에 열리게 된다.	· 스윙의 크기와 관계 없이 임팩트 순간에 페이스가 닫혀 맞을 때
	· 역체중이동을 하는 경우 · 클럽보다 먼저 체중을 너무 왼쪽으로 많이 이동하는 경우	· 체중이 오른쪽에 남아 있는 상태에서 팔 스윙을 빨리 하여 클럽페이스가 닫히는 경우
	· 스윙 중심이 너무 왼쪽으로 이동하는 경우에 컷 현상이 생겨 슬라이스 발생 · 스윙 중심이 볼 쪽으로(앞으로) 이동하는 경우	· 스윙 중심을 볼보다 너무 뒤(너무 우측)에 유지하는 경우 풀이나 훅이 생긴다(아웃-인).
	· 스윙면 자체는 슬라이스나 훅의 직접적인 원인은 되지 않지만 클럽페이스가 열린 상태에서 아웃-인 스윙 궤도가 되면 슬라이스가 발생한다.	· 볼의 위치가 왼쪽이고 스윙이 플랫하면 훅을 일으킬 가능성이 높다.
	· 왼 손목이 위로 꺾이면 클럽페이스가 오픈되어 슬라이스가 발생한다.	· 왼 손목이 아래 방향으로 꺾이면 클럽페이스를 닫히게 한다.
	· 왼 팔꿈치나 손목을 많이 굽히는 경우	· 임팩트 시 오른 손목을 많이 사용하여 페이스가 닫히는 경우
포워드 스윙 단계	· 타이밍을 놓쳐 클럽페이스가 열리게 하는 모든 경우 슬라이스 스핀이 발생한다.	· 클럽헤드가 너무 일찍 릴리즈되어 클럽헤드의 토우 쪽이 먼저 지나가게 되면 페이스를 닫히게 만든다.
	· 팔과 손의 지나친 긴장으로 릴리즈를 억제하면 슬라이스를 유발한다.	· 왼쪽과 오른쪽 전완의 지나친 회전은 훅을 만든다.
	· 임팩트 존에서 왼팔을 구부리면 클럽을 안으로 당기게 되고 회전을 방해하여 페이스가 열리게 한다.	· 임팩트 시 팔을 약간 굽히면 클럽의 토우(toe)에 볼이 맞아, 훅이 날 수 있다.
	· 팔동작이 몸동작과 분리되면 페이스는 오픈이 된다.	· 왼 팔꿈치를 몸에 너무 가까이 붙히면 클럽헤드의 회전을 촉진시키고 훅의 발생 가능성을 높인다.
	· 어떤 원인이든 임팩트 순간 클럽페이스가 하늘 방향을 향하면 클럽페이스는 열리게 된다.	· 임팩트 시 손목을 아래 방향으로 꺾으면 클럽페이스가 닫히게 되어 훅이 발생한다.

스윙 단계	높이 뜨는 볼(Sky ball)	생크(Shank)
	볼이 하늘 높이 떠서 거리가 짧아지는 샷	클럽과 샤프트의 연결 부위(호젤)에 볼이 맞아 우측으로 가는 샷
준비 단계	·오른손 주도의 그립을 잡으면 이른 클럽헤드의 릴리즈를 만들고, 가파른 어프로치 각을 만들어 볼의 아랫부분을 치기 쉽다.	·지나치게 약한 그립(슬라이스그립)을 잡으면 포워드 스윙에서 오른쪽 팔꿈치가 몸에서 떨어져 생크의 원인이 된다.
	·너무 오른쪽을 겨냥하면 이른 릴리즈와 가파른 어프로치 각을 만들어 정확한 임팩트를 불가능하게 한다.	·목표 겨냥을 너무 오른쪽으로 겨냥할 경우 생크가 일어날 수 있다.
	·볼을 너무 오른발 쪽에 놓으면 가파른 스윙을 만들어 볼을 높이 뜨게 만든다.	·어드레스에서 볼을 너무 가까이 두고 스윙 중에 팔을 뻗으면 생크의 원인이 될 수 있다.
백스윙 단계	·백스윙이 지나치게 크거나 작으면 릴리즈가 빨라져 가파른 스윙을 만든 경우	·백스윙이 너무 길거나 짧아서 타겟 라인 밖으로 클럽헤드를 던지면 호젤에 볼이 맞는 생크가 발생한다.
	·체중이동을 왼쪽으로 너무 많이 하면 어프로치 각이 가파르게 될 경우.	·역체중이동으로 지나친 아웃-인의 스윙궤도가 생길 경우
	·스윙 중심이 볼을 지나 목표 방향으로 지나치게 이동하면 포워드 스윙이 가파르게 되어 볼의 아랫부분을 칠 수 있다.	·스윙 중심을 볼 방향(앞)으로 움직이는 것은 생크의 가장 주된 원인 중의 하나이다.
	·업라이트 스윙이 플랫스윙보다 볼을 높이 올려치는 샷을 더 많이 만들게 된다.	·대부분의 생크는 포워드 스윙이 지나치게 가파른 경우 발생한다.
	·손목이 위로 꺾이면 클럽페이스를 열리게 하고, 가파른 스윙을 만들게 된다.	·백스윙 탑에서 클럽페이스가 열리면 생크가 나기 쉽다.
	·손목과 팔을 굽히면 타이밍을 복잡하게 하여 급한 릴리즈를 만들고 부정확한 임팩트의 원인이 된다.	·손목과 팔을 굽히면 타이밍을 복잡하게 하여 이른 릴리즈를 만든다.
포워드 스윙 단계	·손목이 먼저 풀려 헤드가 볼에 접근하는 각을 가파르게 하는 경우	·릴리즈가 너무 빠르면 클럽헤드가 타겟 라인 밖으로 던져지기 때문에 생크가 나게 된다.
	·어드레스 시 팔을 굽히고 있다가 임팩트 시 팔을 펴게 되면 클럽헤드 윗부분으로 볼을 치게 된다.	·포워드 스윙보다 백스윙에서 스윙의 폭이 확장되는 경우 생크가 날 수 있다.
	·백스윙에서 팔이 몸에서 많이 멀어져 가파른 포워드 스윙을 만들 경우	·백스윙에서 팔이 몸에서 많이 멀어지면 급하고 가파른 포워드 스윙을 만들고 미스샷의 원인이 된다.
	·포워드 스윙을 가파르게 만드는 동작은 모두 볼이 위로 뜨면서 거리가 줄어드는 원인이 된다.	·임팩트 시 클럽헤드가 타겟 라인 밖으로 나가게 하는 모든 동작은 생크의 원인이 된다.

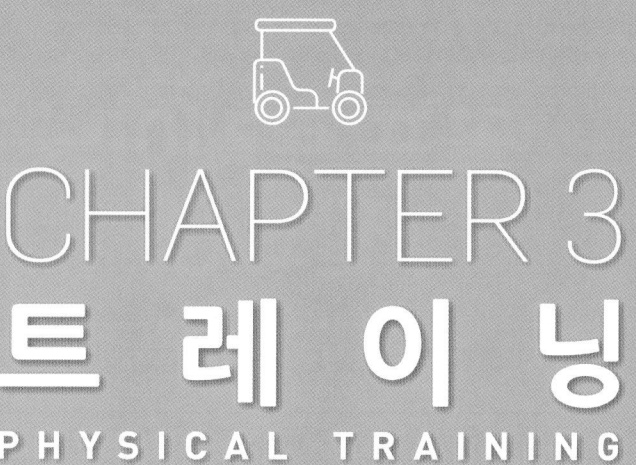

CHAPTER 3
트 레 이 닝
PHYSICAL TRAINING

제 1 장
골프 트레이닝 필요성
138

제 2 장
인 시즌 트레이닝 프로그램
144

제 3 장
오프 시즌 트레이닝 프로그램
166

제 4 장
트레이닝 평가방법
179

제 1 장
골프 트레이닝 필요성

유연성 트레이닝 중요성 /
근력 트레이닝 중요성 / 파워 트레이닝
중요성 / 지구력 트레이닝 중요성

골프는 한국에서 많은 관심과 인기를 얻고 있는 종목이다. 이러한 관심으로 인하여 박세리, 최경주, 신지애, 박인비, 배상문 등 세계적인 수준의 골퍼들을 배출하였으며 아시아 국가 중에 최초로 세계적인 골프 국가대항전인 프레지던츠컵을 2015년에 한국에서 성공적으로 개최하였다. 골프 스윙은 매우 복잡하고 어려운 메커니즘에 의해서 이루어진다. 많은 교습가와 골퍼들이 최적의 스윙을 만들어내기 위하여 수없이 반복적인 기술 훈련을 하고 있다. 하지만 최상의 스윙을 구사하기 위해서는 골퍼들의 몸 상태가 매우 중요하다.

> PGA는 미국
> 프로골프협회로
> 1916년 4월 10일 미국
> 뉴욕에서 출범했다.

PGA 티칭 매뉴얼에서 헤드스피드는 5가지 요인이 매우 중요하다고 설명하고 있다.

하지만 실제 우리나라의 경우 이런 요인보다는 오로지 스윙 기술 훈련에만 치중하고 있는 실정이다. 스윙 교정을 통하여 스윙의 문제점을 찾아내고 수정하여도 이를 수행할 수 있는 수많은 체력적인 요인이 부족하다면 최적의 스윙을 하기가 불가

능하여진다. 따라서 최고의 경기력을 낼 수 있는 골프선수 및 골퍼가 되기 위해서는 스윙 기술과 더불어 체력적인 요소도 매우 중요하다.

다른 종목의 선수들보다 근력과 파워가 필요하지는 않지만 골프 종목에서도 근력과 파워가 매우 중요한 부분이다. 또한 최적의 골프 스윙을 하기 위해서는 유연성도 매우 중요한 종목이 골프 종목이다. 또한 골프 경기는 1일에 5~6시간 경기시간이 지속되는 종목으로서 지구력도 매우 중요한 체력요인이다.

예전에는 골프 스윙 기술에만 많은 관심을 기울였지만 많은 엘리트 골프선수들은 체력의 중요성을 알고 있으며 골프 트레이닝을 실시하고 있다.

골프 트레이닝에서는 유연성, 근력, 파워, 지구력 트레이닝에 대하여 인 시즌 트레이닝 프로그램과 오프 시즌 트레이닝 프로그램으로 나누어서 여러 가지 골프 트레이닝 방법에 대하여 설명하고자 한다. 골퍼가 갖추어야 할 체력요인을 향상시키기 위해서 다양한 운동기구 및 방법에 대하여 설명하고자 한다.

1. 유연성 트레이닝 중요성

골퍼들에게 유연성은 최적의 스윙 기술을 구사하기 위해서 매우 중요한 체력 요인이다. 많은 골퍼들이 골프 운동 전에 기본적인 스트레칭도 하지 않는다. 유연성은 스윙 기술 구사뿐만 아니라 골프 상해에 매우 많은 영향을 미치고 있다. 유연성이란 근육과 골격계가 정상적인 기능을 발휘하기 위한 모든 관절의 가동 범위(range of motion: ROM)를 유지하는 능력이다. 관절의 가동능력과 근육의 신축성, 인대

의 탄력성 등 복합적으로 유연성이 결정된다.

　유연성이 좋은 사람은 움직임이 부드럽고 편안하여 신체의 역학적인 움직임 수준을 극대화시킬 수 있다. 남자, 여자 모두 20세가 넘어가면서 유연성 수준의 감소가 일어나게 되는데 이로 인하여 부상에 대한 위험성은 증가하게 된다. 따라서 골프선수들에게 유연성 향상을 위한 트레이닝을 통하여 최적의 스윙 기술 및 부상 예방을 위하여 유연성 트레이닝은 필수적으로 실시해야 하는 매우 중요한 체력요인이다.

2. 근력 트레이닝 중요성

　우리나라 남, 여 골프선수들은 해외에서 좋은 성적을 거두고 있다. 따라서 우수한 골프선수와 주니어 골퍼들이 많이 증가하고 있다. 하지만 이들의 훈련방법은 골프스윙 기술 향상을 위한 기술 훈련이 대부분이며 체력적인 훈련은 소홀히 하는 경우가 대부분이다. 엘리트 골프선수들에게는 근력이 매우 중요한 체력요인이다. 골프 경기는 한 라운드에서 다양한 클럽으로 많은 스윙을 하여 볼을 멀리 정확하게 보내야 하며 다양한 지형의 골프 코스를 10km 이상을 걸어야 하며 경기시간은 4시간 이상이 소요되는 종목이다. 골프 경기는 운동지속시간이 길기 때문에 운동량이 많은 종목이다. 예전에는 골프 종목에서는 근력을 키우는 트레이닝이 골프 스윙에 부정적인 영향을 준다고 금기시하였는데 현재에는 많은 학자들과 골프선수들이 골프 경기력 향상을 위해서는 근력 트레이닝이 매우 중요하다는 필요성을 제시하고 있으며 세계적인 선수들이 근력 트레이닝을 실시하고 있다. 근력 트레이닝의 중요성을 인식하고 많은 골퍼들이 트레이닝을 실시하는 추세이지만 부정확한 트레이닝을 실시하고 있으며 잘못된 트레이닝

은 부상 및 경기력 저하 등의 역효과를 일으킬 수 있는 요인이 될 수 있다. 근력 트레이닝을 통하여 부상예방, 피로회복 능력, 근력 향상, 비거리 증가, 자신감 증대 등의 효과를 가져오기 위해서는 올바른 방법으로 트레이닝을 실시하는 것이 매우 중요하다. 따라서 인 시즌 기간의 트레이닝 방법, 오프 시즌 기간의 트레이닝 방법이 달라야 하며 트레이닝 주기화를 적용시켜 트레이닝하는 것이 매우 중요하다. 주기화 트레이닝이란 경기에서 최고의 경기력을 이끌어 내기 위하여 트레이닝 프로그램을 세분화하는 과정이다. 골퍼를 위한 트레이닝 계획을 연간계획, 월간계획, 주간계획 등으로 세분화하여야 한다. 또한 근력 트레이닝을 실시할 때는 조직을 적응시키는 조직적응 단계, 최대로 근력을 향상시키는 최대근력 단계, 최대근력을 파워로 전환하는 파워전환 단계, 파워를 유지시키는 유지기를 주기화하는 것이 중요하다.

정리하자면,

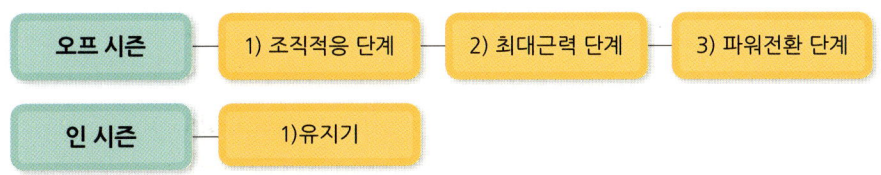

엘리트 골퍼를 위한 근력 트레이닝 연간 계획

구분	11월	12월	1월	2월	3월	4월	5월 ★	6월 ★★	7월 ★	8월 ★★	9월 ★★	10월 ★	11월
근력 트레이닝 주기화	조직적응기		최대근력기		파워전환기	유지기 (유연성, 근력, 파워)						회복기	
주기화일정	일반준비기			특이적준비기		시합기						전이기	
	준비기					시합기							

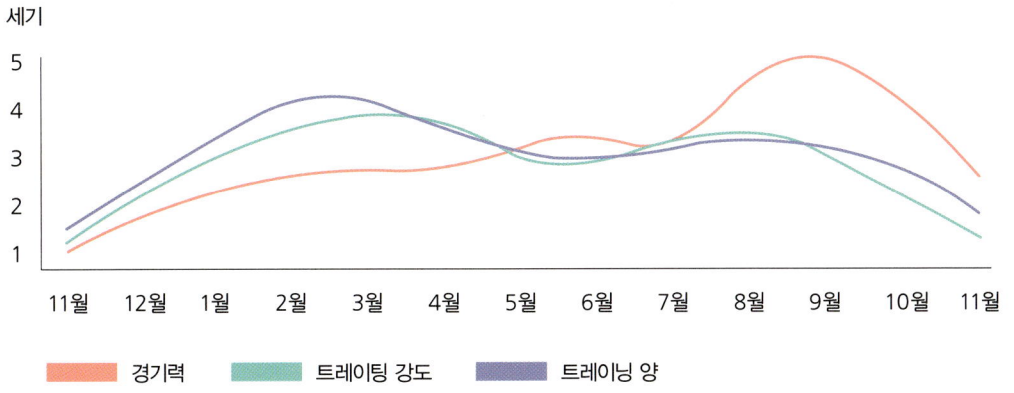

3. 파워 트레이닝 중요성

파워는 효과적인 스윙을 구사하는 데 있어서 매우 필요하다. 많은 사람들이 근력과 파워를 같은 의미로 생각하지만 다른 성질이기 때문에 트레이닝 방법에 있어서도 근력과 파워는 구분하여 트레이닝을 실시하여야 효과가 크다. 골프 종목에서 골프 스윙을 할 때 근기능 구현에 파워는 매우 중요한 체력요인이며 파워 있는 스윙을 구사하기 위해서 파워 트레이닝이 매우 중요하다. 일반적으로 파워가 힘을 말하지만 파워는 근력과 스피드도 좋다는 의미이다. Strength X Speed = Power(힘과 속도에 의한 파워의 의미) 대표적인 전신 운동이 스쿼트(squat)에서 운동 부하가 너무 낮거나 너무 높으면 파워가 감소한다고 보고하고 있다. 따라서 효과적인 파워 트레이닝을 실시하기 위해서는 적절한 부하 설정이 매우 중요하다고 알려져 있다. 개인별, 또는 운동양식에 따라서 차이는 있지만 일반적으로 파워를 향상시키기 위해서는 최대근력의 50~70%의 운동강도를 선택하여 속도를 빠르게 해서 트레이닝하는 것이 효과가 크다고 보고 있다. 파워 트레이닝을 통하여 근육의 힘을 파워로 전환시키는 효과 뿐만 아니라 우리 몸의 신경계를 발달시키는 효과가 있다. 따라서 효과적인 파워 트레이닝을 실시하기 위해서는 최대근력을 향상시켜야 효과가 크게 나타난다. 최대근력의 증가 없이는 파워의 증가는 불가능하다는 것을 잘 알아야 한다.

파워 트레이닝을 통하여 골프 경기에서 기대할 수 있는 요인

1) 근력의 향상   2) 헤드스피드 증가   3) 비거리 증가   4) 자신감 증대

파워 트레이닝 방법으로는 근력 트레이닝과 같이 근육에 저항을 주면서 실시하는 저항성 트레이닝으로 이루어지며 파워 향상을 위해서는 저항성 운동 중에서 등장성 운동(isotonic exercise : 근육의 길이가 짧아지거나 길게 변하면서 근력을 발휘하는 운동)으로 파워 트레이닝을 실시하는 것이 좋다. 파워 트레이닝 종류로는 웨이트 트레이닝, 튜빙 트레이닝, 메디슨 볼 트레이닝 등이 있다.

4. 지구력 트레이닝 중요성

골프 경기는 프로대회의 경우 예선 2일, 본선 2일 총 4일의 경기를 실시하며 1일 경기에 5~6시간의 경기시간이 걸리는 종목이다. 따라서 골프선수에게 지구력은 중요한 체력요인이다. 지구력이란 주어진 강도의 운동을 지속할 수 있는 시간의 길이를 말하며, 지구력이 부족하면 운동지속시간이나 경기력 저하가 이루어지는데 이를 피로라고 한다. 지구력에서는 2가지 종류가 있으며 무산소성 지구력과 유산소성 지구력으로 나누어진다. 무산소성 지구력은 근력 발달을 유도하여 근육 골격계의 기능을 회복시키고 혈액순환을 원활하게 하여 피로에 대한 내성을 증가하게 함으로써 골프 경기에서 경기 후에 회복 능력을 향상시키는데 매우 필요한 부분이다. 무산소성 지구력은 시간적인 개념에 따라 세분화되어 있어서 스피드 지구력과 단기 지구력으로 구분된다.

유산소성 지구력은 일반적으로 최대산소섭취능력으로 평가를 하는데 최대산소섭취능력을 향상시키기 위해서는 지속적인 트레이닝을 6분 이상 실시해야 한다고 알려져 있다. 골프 경기는 1회 라운딩에 10km 정도를 걸어야 하는데 평지와 언덕 등을 걸어야 하는 특성상 최대산소섭취능력도 골프 경기력에 중요한 부분을 차지한다고 판단된다. 유산소성 지구력은 무산소성 지구력과 같이 시간의 차이에 따라 두 가지로 구분되며 중기 지구력과, 장기 지구력으로 나누어진다. 중기 지구력은 약 2~6분 정도 지속되는 스포츠에 요구되는 지구력으로 장기 지구력에 비하여 운동강도가 높으며 장기 지구력은 8분 이상 지속하는 종목에 적합한 지구력으로 심폐계의 기능에 의존한 유산소 시스템에 의해 에너지를 공급받는다.

> 지구력이란 쉽게 피로해지지 않거나 피로한 상태에서도 운동을 지속할 수 있는 능력을 지구력이라고 한다.

제 2 장

인 시즌 트레이닝 프로그램

1. 스트레칭 트레이닝 (정적 스트레칭)
1-1 상체 스트레칭 운동 프로그램 Shoulder Stretching

운동근육
삼각근, 광배근

준비자세 손바닥과 무릎을 바닥에 대고 팔과 다리가 지면과 수직이 되도록 하여서 손을 고정한 채 몸을 뒤로 이동시켜 무릎을 꿇고 앉는다.
운동방법 어깨와 가슴을 최대한 아래로 누르고 10~30초 동안 유지한 후 다시 시작자세로 돌아온다.

운동근육
삼각근, 광배근

1. 스트레칭 트레이닝 (정적 스트레칭)
1-1 상체 스트레칭 운동 프로그램 Shoulder Stretching

준비자세 바른 자세로 양팔을 머리 위에 올리고 신전시킬 팔을 굽히고 반대 손으로 팔꿈치를 잡는다.
운동방법 한손으로 팔꿈치를 잡아당기며 상체를 옆으로 굽혀서 10~30초 동안 유지한 후에 시작자세로 돌아온다. 같은 방법으로 반대편 어깨도 실시한다.

1. 스트레칭 트레이닝 (동적 스트레칭)
1-1 상체 스트레칭 운동 프로그램 Dynamic Arm Swing

10-20회 반복

운동근육 삼각근, 대흉근

교차하여 스윙한다.

준비자세 정면을 바라보고 바른 자세로 선다.
운동방법 한 팔은 위로 반대 팔은 아래로 교차하여 스윙한다. 10~20회 반복하여 실시한다.

운동근육
대흉근, 상완이두근

1. 스트레칭 트레이닝 (동적 스트레칭)
1-1 상체 스트레칭 운동 프로그램 Dynamic Butterfly

10-20회 반복

어깨 높이까지 들어 올려 손바닥이 마주보도록 한다.

가슴을 최대한 앞으로 내민다.

준비자세 바른 자세로 서서 양팔을 어깨 높이까지 들어 올려 손바닥이 마주보도록 한다.
운동방법 양손을 측면으로 벌리면서 가슴을 최대한 앞으로 내민다. 시작자세로 돌아와 같은 방법으로 10~20회를 연속적으로 실시한다.

1. 스트레칭 트레이닝 (정적 스트레칭)
1-2 하체 스트레칭 운동 프로그램 Leg Stretching

운동근육
햄스트링, 대둔근

30초

준비자세 허리를 펴고 한 발로 서서 균형을 유지하고 반대편 다리를 굽혀 양손으로 무릎을 잡는다.
운동방법 양손으로 가슴으로 최대한 당겨준다. 10~30초 동안 유지한 후에 시작자세로 돌아온다. 같은 방법으로 반대편을 실시한다.

운동근육
대퇴사두근, 전경골근

1. 스트레칭 트레이닝 (정적 스트레칭)
1-2 하체 스트레칭 운동 프로그램 Leg Stretching

균형을 유지한 채 상체를 천천히 숙이고 발을 잡아 당긴다.

준비자세 허리를 펴고 한 발로 서서 균형을 잡고 반대편 다리를 굽혀 양손으로 발등을 잡는다.
운동방법 균형을 유지한 채 상체를 천천히 숙이고 발을 잡아 당겨준다. 10~30초 동안 유지한 후에 시작자세로 돌아온다. 같은 방법으로 반대편도 실시한다.

1. 스트레칭 트레이닝 (동적 스트레칭)
1-2 하체 스트레칭 운동 프로그램 **Dynamic Leg Twist**

운동근육 대퇴사두근, 대둔근

10-20회 반복

지면에 닿도록 측면으로 내린다.

반복

준비자세 몸 뒤에 손을 짚고 앉아서 허리를 곧게 편 채 무릎을 굽혀 세운다.
운동방법 상체를 최대한 고정시킨 채 무릎이 지면에 닿도록 측면으로 내려준 후 연속적으로 반대 방향을 실시한다. 10~20회를 실시한다.

운동근육
척추 기립근, 광배근

1. 스트레칭 트레이닝 (정적 스트레칭)
1-3 몸통 스트레칭 운동 프로그램 Trunk Stretching

팔꿈치가 굽혀지지 않도록 주의

30초

머리는 상체와 같이 회전

준비자세 다리를 측면으로 넓게 벌리고 허리축을 유지한 상태에서 자세를 낮추고 양손으로 무릎을 잡는다.
운동방법 허리를 펴고 상체를 눌러주며 측면으로 회전시킨다. 10~30초 동안 유지한 후 천천히 시작자세로 돌아온다. 이 자세에서 팔꿈치가 굽혀지지 않도록 주의하며 머리는 상체와 같이 회전시킨다. 같은 방법으로 반대편도 실시한다.

1. 스트레칭 트레이닝 (정적 스트레칭)
1-3 몸통 스트레칭 운동 프로그램 Trunk Stretching

운동근육
척추 기립근, 광배근

허리는 곧게 세워 바른 자세를 유지한다.

30초

준비자세 양다리를 굽혀 앞뒤로 교차시키고 앉아 무릎 위에 손을 댄다. 이때 허리는 곧게 세워 바른 자세를 유지한다.
운동방법 상체와 머리를 측면으로 최대한 회전시킨 후에 양손으로 바닥을 짚는다. 10~30초동안 유지한 후에 천천히 시작 자세로 돌아온다. 발을 바꾸어서 같은 방법으로 반대편을 실시한다.

운동근육	1. 스트레칭 트레이닝 (동적 스트레칭)
삼각근, 광배근, 척추 기립근, 대퇴사두근	1-3 몸통 스트레칭 운동 프로그램 **Dynamic Swing Turn**

머리는 움직이지 않게 고정시킨다.

하체는 최대한 고정시킨다.

준비자세 어드레스 자세를 취하고 손은 편 채 가볍게 아래로 떨어지게 한다.
운동방법 하체와 머리는 최대한 고정시키고 양팔을 편 채 백스윙을 하듯이 상체를 회전시킨다. 연속적으로 양팔을 펴서 팔로 스루를 하듯이 상체를 반대로 회전시킨다.

1. 스트레칭 트레이닝 (동적 스트레칭)
1-3 몸통 스트레칭 운동 프로그램 Dynamic Body Twist

10-20회 반복

운동근육
광배근, 척추기립근, 외복사근, 햄스트링

머리는 움직이지 않게 고정시킨다.

준비자세 어깨너비로 다리를 벌리고 서서 양손은 편 채 아래로 떨어뜨린다.
운동방법 머리를 고정한 채 상체를 한쪽 방향으로 회전시킨다. 이때 회전하는 방향의 다리를 굽혀 사선으로 들어 올린다. 연속적으로 10~20회 반복하여 실시한다

운동근육
전완근, 삼각근

2. 튜빙을 이용한 트레이닝
2-1 상체 스트레칭 Tubing Cocking

10-20회 반복

준비자세 튜빙의 한쪽을 고정시키고 반대편을 잡는다. 골프 스윙의 어드레스 자세를 취하여 한 손은 허리 뒤에 놓고 반대 손은 튜빙을 잡는다.
운동방법 머리와 다리는 최대한 고정시킨 후에 팔의 힘으로만 튜빙을 잡아당긴다. 양팔 모두 같은 방법으로 실시하지만 백스윙의 특성상 오른팔은 굽혀지고 왼팔은 뻗어서 어깨 회전과 함께 이루어지도록 운동한다. 10~20회 반복한다.

튜빙 강도 표

규격	색깔	강도	사용대상
2M정도 길이	노란색	약함	노약자 및 어린이
	빨간색	보통	일반 여성 일반 남성
	초록색	중간	
	파란색	강함	
	검은색	조금 강함	남, 여 운동 선수
	은색	매우 강함	

2. 튜빙을 이용한 트레이닝
2-1 상체 스트레칭 Tubing Shoulder Press

운동근육 삼각근, 승모근

10-20회 반복

어깨 높이까지 오도록 튜빙을 들어 올린다.

팔꿈치가 굽어지지 않도록 주의

허리축은 유지

준비자세 양손으로 튜빙을 잡고 벤치 위에 튜빙 중심을 깔고 앉은 후에 손이 어깨 높이까지 오도록 튜빙을 들어 올리고 허리 축은 유지되도록 한다.
운동방법 팔의 간격을 유지하며, 머리위로 튜빙을 힘껏 밀어 올리도록 한다. 팔꿈치가 굽어지지 않도록 주의하고 천천히 시작자세로 돌아온다. 10~20회 반복한다.

운동근육
비복근, 가자미근

2. 튜빙을 이용한 트레이닝
2-2 하체 스트레칭 **Tubing Calf Raise**

10-20회 반복

최대한 들어 올려서 1초 정도 정지

준비자세 양발을 모아 튜빙을 밟고 선 후 튜빙을 잡고 들어서 어깨 높이까지 당겨올린다.
운동방법 팔은 자세를 유지하여 튜빙을 밟은 채 뒤꿈치를 최대한 들어 올려서 1초 정도 정지하고 천천히 시작자세로 되돌아간다. 10~20회 반복한다.

2. 튜빙을 이용한 트레이닝
2-2 하체 스트레칭 Tubing Crunch

운동근육
대퇴사두근, 햄스트링

10-20회 반복

시선 고정

허리축을 유지

허벅지 부위가 바닥과 평행이 되도록 앉는다.

준비자세 양손으로 튜빙을 잡은 후 튜빙 중심부를 어깨너비로 밟고 선다. 허리축을 유지한 채 튜빙이 등을 지나 어깨 위쪽으로 올 수 있도록 들어 올린다.

운동방법 시선은 정면을 바라보고 허리축을 유지한 채 허벅지 부위가 바닥과 평행이 되는 시점까지 앉아준다. 10~20회 반복한다.

운동근육
척추기립근, 광배근, 외복사근

2. 튜빙을 이용한 트레이닝
2-3 몸통 스트레칭 Tubing Seated Trunk Twist

10-20회 반복

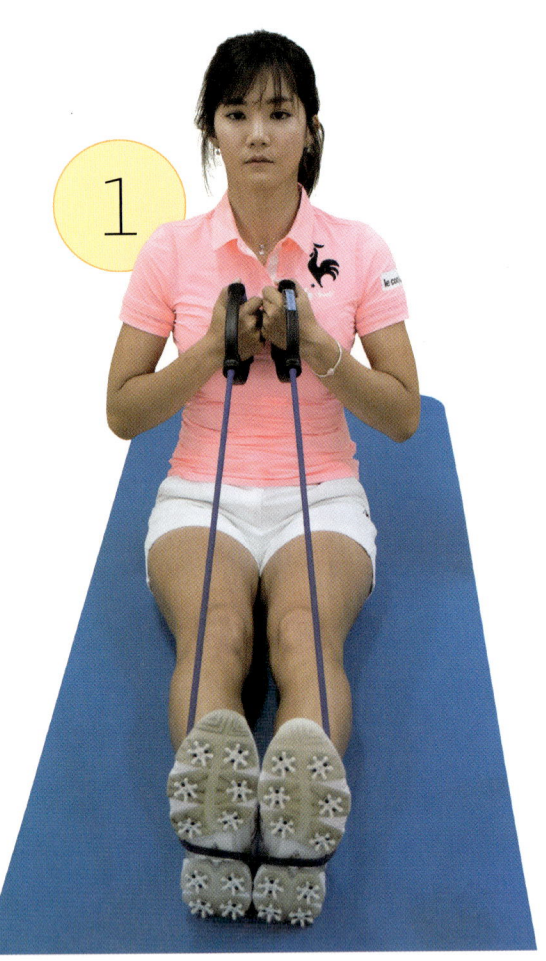

하체가 굽혀지지 않도록 주의한다.

준비자세 튜빙 중심부를 발바닥에 걸고 다리를 펴서 앉는다.
운동방법 반대편 튜빙을 양손으로 잡고 정면에 위치시키고 정면을 바라보며 양팔과 몸통을 동시에 측면 후방으로 힘껏 잡아당긴다. 양쪽 방향으로 10~20회 실시한다. 동작을 실시할 때 하체가 굽혀지지 않도록 주의한다.

2. 튜빙을 이용한 트레이닝
2-3 몸통 스트레칭 Tubing Crunch

10-20회 반복

운동근육
복직근, 외복사근, 척추기립근

등을 둥글게 만다는 느낌으로 상체를 숙인다.

준비자세 튜빙 중심부를 머리 위쪽에 고정시키고 반대 끝을 양손으로 잡아 이마에 갖다 댄다. 무릎은 꿇고 엉덩이를 들어서 몸의 중심이 앞으로 향하게 한다.
운동방법 빠른 속도로 머리를 숙이면서 튜빙을 아래로 당기는데 이때 등을 둥글게 만다는 느낌으로 상체를 숙여준다. 10~20회 실시한다.

운동근육
전완근, 삼두근, 삼각근, 광배근

3. 메디슨 볼을 이용한 트레이닝
3-1 상체 스트레칭 Medicine Ball Push

15-20회 반복

팔꿈치를 펴면서 볼을 올린다.

다리를 붙인다

준비자세 3~5kg의 메디슨 볼을 머리 뒤로 들어 다리를 붙이고 팔꿈치는 굽혀 머리 뒤로 볼을 잡고 선다.
운동방법 팔꿈치를 펴면서 머리 위로 볼을 천천히 들어 올린다. 15~20회 실시한다.

3. 메디슨 볼을 이용한 트레이닝
3-1 상체 스트레칭 Medicine Ball Throw

15-20회 반복

운동근육
전완근, 삼각근, 광배근

백스윙을 천천히 실시

준비자세 메디슨 볼을 잡고 어드레스 자세를 취한다.
운동방법 볼을 잡은 상태에서 백스윙을 천천히 실시하고 임팩트 시점에 최대한 강하게 볼을 지면으로 던진다. 이와 같은 방법으로 15~20회 반복한다.

운동근육 전완근, 삼두근, 삼각근, 광배근	**3. 메디슨 볼을 이용한 트레이닝** 3-2 하체 트레이닝 **Medicine Ball Push**

15-20회 반복

준비자세 양팔로 메디슨 볼을 잡고 골프 스윙의 어드레스 자세를 취한다.
운동방법 어드레스 자세에서 다리를 굽혀 허벅지와 바닥으로 평행이 되는 지점까지 낮추고 일어설 때는 다리에 힘을 주며 무릎을 펴준다. 15~20회 반복한다.

3. 메디슨 볼을 이용한 트레이닝
3-3 몸통 트레이닝 Medicine Ball Twist

운동근육 복직근, 외복사근, 척추기립근

15-20회 반복

볼이 떨어지지 않게 고정

준비자세 누워서 무릎을 세우고 양팔을 벌려 균형을 잡고 메디슨 볼을 무릎 사이에 끼우고 볼이 떨어지지 않게 고정시킨다.
운동방법 무릎을 한쪽 방향으로 힘차게 틀어준다. 연속동작으로 한 번은 왼쪽, 한 번은 오른쪽으로 15~20회 반복하여 실시한다.

제 3 장

오프 시즌 트레이닝 프로그램

1 웨이트 기구를 이용한 근력 트레이닝
1-1 상체 스트레칭 운동 프로그램 **Wrist Curl**

운동근육
전완근

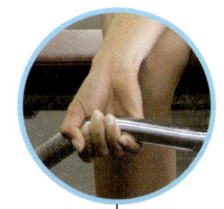

1

2

준비자세 앉아서 바를 언더그립으로 잡고 팔꿈치는 양쪽 허벅지에 올려 고정시킨다. 양팔은 어깨너비를 유지하며 허리는 곧게 펴준다.

운동방법 손목에 힘을 주어 바를 최대한 올릴 수 있는 지점까지 감아올린다. 손목에 힘을 풀고 최대한 내릴 수 있는 지점까지 내려준다. 20~30회 반복하여 실시한다.

운동근육
상완이두근, 전완근

1 웨이트 기구를 이용한 근력 트레이닝
1-1 상체 스트레칭 운동 프로그램 **Arm Curl**

15-20회 반복

1

2

준비자세 의자에 앉아 언더그립으로 바를 잡고 양팔의 간격은 어깨너비로 유지하여 팔꿈치를 패드에 대고 고정시킨다.
운동방법 팔꿈치를 굽혀 바를 어깨 쪽으로 당겨 올린다. 전완과 상완이두근이 닿기 전까지 올려주며 천천히 시작자세로 돌아간다. 15~20회 반복하여 실시한다. 바를 올릴 때 머리와 허리축은 시작자세를 유지하여 팔의 힘으로만 당겨 올린다.

1 웨이트 기구를 이용한 근력 트레이닝
1-2 하체 트레이닝 Leg Press

운동근육 대퇴사두근, 햄스트링

15-20회 반복

1

2

준비자세 양발을 어깨너비로 벌려 발판에 대고 앉는다. 무릎 각도가 90도가 되도록 의자에 밀착시켜 앉고 기구 옆의 손잡이를 잡는다.

운동방법 다리에 힘을 주어 양 무릎이 완전히 펴질 때까지 밀어준다. 1초 정도 정지하고 천천히 다리를 굽혀서 시작자세로 돌아온다. 15~20회 반복하여 실시한다.

운동근육
대퇴사두근, 전경골근

1 웨이트 기구를 이용한 근력 트레이닝
1-2 하체 트레이닝 **Barbell Lunge**

15-20회 반복

1

2

준비자세 오버그립 바벨을 잡고 어깨 위에 올려놓는다. 허리축을 곧게 유지한 채 스탠다드 스탠스로 선다.
운동방법 한쪽 발을 앞으로 내딛으며 자세를 낮추고 앞쪽으로 나온 다리는 허벅지가 바닥과 평행이 되도록 하고 뒤에 있는 다리는 무릎이 바닥에 닿을 정도로 하체의 중심을 낮춰준다. 다리를 내딛을 때의 탄력을 이용하여 시작자세로 돌아가고, 양 다리를 번갈아 가며 실시한다. 15~20회 반복하여 실시한다.

1 웨이트 기구를 이용한 근력 트레이닝

1-3 몸통 트레이닝 **Cable Crunch**

운동근육 복직근, 외복사근

15-20회 반복

1

2

준비자세 바닥에 무릎을 대고 케이블 손잡이를 잡는다. 케이블 손잡이를 잡고 상체를 숙여 몸 중심이 앞으로 향하게 한다.
운동방법 머리를 숙이면서 케이블을 당겨준다. 이때 등을 둥글게 만든다는 느낌으로 상체를 낮춘다. 15~20회 실시한다.

운동근육
척추기립근, 대둔근

1 웨이트 기구를 이용한 근력 트레이닝
1-3 몸통 트레이닝 Lumbar Extension

15-20회 반복

1

2

준비자세 발목 부위를 패드에 고정시키고 배 부위를 벤치에 지지한 상태로 상체를 숙인다. 이때 바벨 원판을 가슴 앞쪽으로 양팔로 잡아준다.

운동방법 머리와 상체를 동시에 위로 젖혀준다. 전신이 일직선이 되는 지점까지 올라와 1초 정도 정지한 후에 천천히 시작자세로 돌아간다. 15~20회 실시한다.

2 웨이트 기구를 이용한 파워 트레이닝
1-1 상체 트레이닝 **Bench Press**

운동근육
전완근, 삼각근, 광배근

15-20회 반복

1

2

준비자세 양손을 어깨너비보다 넓게 잡는다.
운동방법 머신의 바(bar)가 가슴선과 일직선이 되도록 하여 천천히 동작을 실시한다. 15~20회 실시한다.

> 운동근육
> 삼각근, 승모근

2 웨이트 기구를 이용한 파워 트레이닝
1-1 상체 트레이닝 **Lateral Raise**

1

2

준비자세 어깨너비로 벌리고 서서 덤벨을 잡은 후에 팔꿈치를 굽혀 배 부위에 모아 놓는다. 머리는 들어주고 허리축은 유지한 채 상체를 앞으로 15도 정도 숙이면서 무릎을 굽힌다.

운동방법 준비자세의 팔꿈치 각을 가능한 유지하며 양팔을 빠르게 어깨 높이까지 들어 올린다. 덤벨을 올리고 내릴 때 몸의 중심 앞쪽에서 반복적으로 실시한다.

2 웨이트 기구를 이용한 파워 트레이닝
1-2 하체 트레이닝 **Leg Curl**

운동근육 햄스트링, 비복근

15-20회 반복

1

2

준비자세 발목 뒷 부위를 패드에 대고 벤치 위에 엎드린다. 발 간격은 엉덩이 너비를 유지하고 양손으로 지지 손잡이를 잡는다.
운동방법 양다리에 힘을 주어 엉덩이 쪽으로 구부린다. 다리를 펼 때는 시작자세에 멈추고 15~20회 반복한다.

운동근육
대퇴사두근, 햄스트링

2 웨이트 기구를 이용한 파워 트레이닝
1-2 하체 트레이닝 Barbell Back Squat

15-20회 반복

1

2

준비자세 양팔을 편 채 몸 뒤쪽에서 바벨을 잡는다. 오버그립으로 바를 잡고 스탠다드 스탠스로 서서 머리를 약간 뒤로 하고 허리축을 유지한다.
운동방법 시작자세의 허리축을 유지하며 양 무릎 각도가 90도가 되는 지점까지 하체를 낮춰준다. 이후 천천히 시작자세로 돌아온다. 15~20회 반복하여 실시한다.

2 웨이트 기구를 이용한 파워 트레이닝
1-3 몸통 트레이닝 **Bench Pull**

운동근육
척추기립근, 광배근

15-20회 반복

1

2

준비자세 가슴을 대고 엎드려 바벨을 잡고 어깨 부위에 일직선이 되도록 엎드려서 바벨을 잡는다.
운동방법 양팔을 가슴 쪽으로 당겨 올려 1초간 정지상태를 유지한다. 이후 천천히 시작자세로 돌아간다.

> 운동근육
> 척추기립근, 광배근

1. 스트레칭 트레이닝
1-3 몸통 트레이닝 Body Turning

15-20회 반복

1

2

준비자세 바벨 원판을 양손으로 잡고 가슴 앞쪽으로 뻗어올린다. 뒤쪽 다리는 무릎을 대고 앞쪽 다리는 무릎각이 90도가 되도록 앉아준다. 한쪽 운동이 끝나면 발을 바꿔서 동일한 방법으로 시작자세를 준비한다.
운동방법 양팔을 편 채 시선은 전방으로 고정하고 팔, 어깨, 그리고 허리 움직임만을 이용하여 상체를 좌우로 틀어준다. 양발의 위치를 바꿔 같은 방법으로 실시한다. 한 방향당 15~20회 실시한다.

제 4 장
트레이닝 평가방법

1. 유연성 트레이닝 측정 및 트레이닝 결과 평가 방법

ACSM(2010)이 권장하는 유연성 측정방법인 윗몸 굽히기 측정을 트레이닝 실시 전에 측정하여서 유연성 트레이닝 실시 후에 트레이닝 평가 방법으로 사용해서 트레이닝의 효과를 분석할 필요성이 있다. 트레이닝을 시작하기 전에 측정하고, 4~6주 후에 재측정하여 현재 실시하고 있는 유연성 트레이닝 프로그램의 효과를 분석하여서 트레이닝을 지속하는 것이 필요하다.

유연성 측정

TRAINING CHECK 유연성 측정방법

☑ 26cm을 0점으로 정하고 앉아서 윗몸 굽히기 검사 상자를 사용한다.

☑ 측정자는 무릎을 펴고 바닥에 앉은 다음 발바닥을 상자에 붙인다. 발바닥이 닿는 안쪽의 가장자리는 15.2cm 떨어져 있어야 한다.

☑ 측정자가 무릎을 완전히 펴고 팔을 쭉 편자에서 양손과 손바닥이 평행이 되게 유지하도록 한다. 그리고 두 팔은 두 손을 나란히 모아서 가능한 상자의 윗부분까지 천천히 앞으로 뻗게 한다.

☑ 측정자가 이 자세를 약 2초 동안 유지할 수 있도록 한다.

☑ 측정자가 머리를 낮추어 최대한 손이 뻗치는 거리를 좁히도록 한다.

☑ 측정자의 점수는 손끝이 상자의 맨 윗부분을 따라 뻗은 가장 먼 지점으로 측정한다.

☑ 두 번의 검사를 실시하고 0.5cm에 가까운 최대치의 점수를 기록하도록 한다.

남성	연령					
	15-19	20-29	30-39	40-49	50-59	60-69
우수함	39이상	40이상	38이상	35이상	35이상	33이상
아주 좋음	34-38	34-39	33-37	29-34	25-34	25-32
좋음	29-33	30-33	28-32	24-28	24-27	20-24
보통	24-28	25-29	23-27	18-23	16-23	15-19
개선 필요	23이하	24이하	22이하	17이하	15이하	14이하

여성	연령					
	15-19	20-29	30-39	40-49	50-59	60-69
우수함	43이상	41이상	41이상	38이상	39이상	35이상
아주 좋음	38-42	37-40	36-40	34-37	33-38	31-34
좋음	34-37	33-36	32-35	30-33	30-32	27-30
보통	29-33	28-32	27-31	25-29	25-29	23-26
개선 필요	28이하	27이하	26이하	24이하	24이하	22이하

측정 시 유의사항

1. 양손 끝으로 똑바로 밀어야 하며 양손의 끝은 동일하게 뻗어야 한다.

2. 몸에 반동을 주지 말아야한다.
3. 무릎이 구부러지지 않도록 하게 한다.

2. 근력 트레이닝 측정 및 트레이닝 결과 평가 방법

ACSM(2010)에서 권장하는 근력 측정방법인 1분 동안 윗몸 일으키기 측정을 통하여 근력 수준을 파악하고 근력 및 근지구력 트레이닝을 통하여 근력 향상을 측정 평가하도록 한다.

> **TRAINING CHECK 근력 측정방법**
> ☑ 발은 30cm 정도 벌리고 무릎을 세워서 메트에 눕는다.
> ☑ 양손은 깍지를 끼고 준비한다.
> ☑ 1분 동안 양쪽 팔꿈치가 양 무릎에 닿도록 한 것을 1회로 간주하여 측정한다.

근력 측정 평가

연령(남자)	나쁨	좋음	최상
19~24	28회 미만	38회 이상	59회 이상
25~29	27회 미만	37회 이상	58회 이상
30~34	25회 미만	34회 이상	53회 이상
35~39	24회 미만	33회 이상	52회 이상
40~44	22회 미만	32회 이상	51회 이상
45~49	20회 미만	30회 이상	50회 이상
50~59	11회 미만	20회 이상	38회 이상
60~64	9회 미만	17회 이상	33회 이상
65세이후	3회 미만	10회 이상	27회 이상

연령(여자)	나쁨	좋음	최상
19~29	13회 미만	36회 이상	47회 이상
30~39	11회 미만	20회 이상	39회 이상
40~44	7회 미만	17회 이상	36회 이상
45~49	7회 미만	15회 이상	32회 이상
50~54	6회 미만	13회 이상	27회 이상
55~64	4회 미만	11회 이상	25회 이상
65세이후	2회 미만	3회 이상	13회 이상

3. 헤드스피드 측정 및 평가 방법

골프 경기에서 드라이버 클럽의 비거리는 매우 중요한 경기력 요인이다. 드라이버 클럽 비거리를 향상시키기 위해서는 여러 가지 요인 중에서 클럽 헤드스피드가 매우 중요하다. 유연성, 근력, 파워, 지구력 트레이닝을 통하여 헤드스피드가 증가하면 비거리도 증가한다. 트레이닝 시작 전에 헤드스피드를 측정하고 트레이닝 중간과 트레이닝이 끝나고 헤드스피드 측정을 통하여 트레이닝의 질을 평가하도록 한다.

> 스윙 시에는 임팩트 시점에서 스피드가 가장 빠른 순간이 발생한다. 비거리를 내기 위해 임팩트 존에서 최대의 파워를 모아 스윙을 하는 경우 최대의 헤드스피드가 발생한다.

HOW TO 헤드스피드 측정방법

헤드스피드 측정하는 방법은 여러 가지 방법으로 측정이 가능하다. 지금까지 가장 정확한 측정기기로 알려진 장비는 트렉멘이다. 트렉멘은 투사체 역학량 측정기로써 골프클럽 스피드, 볼의 속도, 거리측정, 골프볼의 회전각 및 회전속도 측정이 가능하며, 도플러 레이더 방식의 장비로써 많은 골프연구에서 검증 받은 신뢰할 수 있는 측정 장비를 사용하여 헤드스피드를 측정하는 방법이 가장 신뢰도가 높은 측정 장비라고 할 수 있다.

PGA Tour Averages								
Club Speed (mph)	Attack Angle (deg)	Ball Speed (mph)	Smash Factor	Vertical Launch (deg)	Spin Rate (rpm)	Max Height (yds)	Land. Angle (deg)	Carry (yds)
Driver	112	-1.3°	165	1.49	11.2°	2685	31	39°	269
3-wood	107	-2.9°	158	1.48	9.2°	3655	30	43°	243
5-wood	103	-3.3°	152	1.47	9.4°	4350	31	47°	230
Hybrid 15-18°	100	-3.5°	146	1.46	10.2°	4437	29	47°	225
3 Iron	98	-3.1°	142	1.45	10.4°	4630	27	46°	212
4 Iron	96	-3.4°	137	1.43	11.0°	4836	28	48°	203
5 Iron	94	-3.7°	132	1.41	12.1°	5361	31	49°	194
6 Iron	92	-4.1°	127	1.38	14.1°	6231	30	50°	183
7 Iron	90	-4.3°	120	1.33	16.3°	7097	32	50°	172
8 Iron	87	-4.5°	115	1.32	18.1°	7998	31	50°	160
9 Iron	85	-4.7°	109	1.28	20.4°	8647	30	51°	148
PW	83	-5.0°	102	1.23	24.2°	9304	29	52°	136

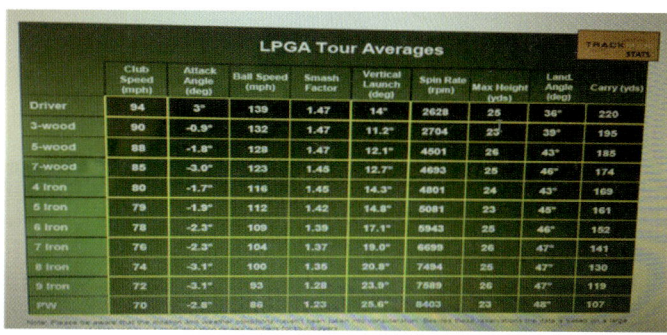

트레이닝을 하기 전 헤드스피드와 트레이닝 후 헤드스피드를 비교할 때 참고 자료는 미국 PGA, LPGA 선수들의 2015년 경기 중에 선수들이 기록한 헤드스피드 평균 자료를 참고하도록 한다. 프로선수들은 미국투어 남자선수와, 여자선수들의 헤드스피드에 근접하도록 목표를 설정하고 트레이닝 전과 후의 비교를 통하여 헤드스피드 향상을 위하여 노력하도록 한다. 아마추어 선수들은 트레이닝 전의 헤드스피드와 트레이닝 후의 헤드스피드를 비교 분석하여서 트레이닝으로 헤드스피드 증가를 위해 노력한다.

Psychological Training

Swing Technique

Neuromuscular Coordination

Physical Strength

사진 : 박주영 프로

CHAPTER 4
심리훈련
PSYCHOLOGICAL TRAINING

제 1 장
골프 심리 훈련의 개요
186

제 2 장
불안
189

제 3 장
자신감
204

제 4 장
스포츠 탈진
210

제 5 장
목표 설정
216

REFERENCES

222

제 1 장
골프 심리 훈련의 개요

심리 훈련의 중요성 /
심리적 부분에 영향을 미치는 요소

1. 심리 훈련의 중요성

　스포츠 분야에서 최첨단 기술의 발전은 선수들의 경기력을 극대화시킬 뿐만 아니라 그들의 실력 차이를 점차적으로 좁히는데 일조하고 있다(Dyer, 2015; Loland, 2002; 2009). 특히 골프는 다른 종목에 비해서 경기를 하는 시간이 유달리 적은 것이 사실이다. 즉, 골퍼가 직접 샷을 하거나 퍼팅을 하는 등 플레이를 하는 시간은 비교적 짧지만, 다음 플레이를 위해 코스를 따라 이동을 하는 시간이 훨씬 길기 때문에 엘리트 선수들이나 아마추어 골퍼들이 생각할 시간이 많은 것이 사실이다(Bois, Sarrazin, Southon, & Boiche, 2009). 이와 같은 이유로 골프에서 좋은 성적을 얻기 위한 심리 훈련은 매우 중요하게 간주된다.

2. 심리적 부분에 영향을 미치는 요소

　골프에서 선수의 심리적 부분에 영향을 미치는 요소는 다음과 같다(김승일 & 박영진, 1999).

(1) 변명(Excuse)

변명은 어떠한 행위에 대하여 자신의 잘못을 감추기 위해 내세우는 심리적 방어기제를 말한다. 골프에서 "내가 퍼터의 스트로크가 잘 안 되는 이유는 퍼터 때문이야"라는 변명은 자신의 잘못을 합리화하기보다 정작 퍼터를 할 때마다 불안감을 조성하게 된다는 것이다. 골프가 잘 안 되는 이유를 자신의 탓으로 돌리지 말고 꾸준히 연습하는 자세가 필요하다.

(2) 노여움 또는 화(Anger)

골프에서 게임이 생각보다 풀리지 않을 경우 화를 내는 것보다 그것을 스스로 통제하는 것이 더욱 중요하다. 아무리 기술 훈련과 심리 훈련을 병행하더라도 정작 게임에서 화를 통제하지 못하면 좋은 경기력으로 이어지기 힘들다. 전 홀에서 실수를 했다면 바로 잊어버리고 실수를 한 이유를 곰곰이 생각해 봄으로써 수정할 기회를 갖는 것이 더욱 중요하다.

(3) 두려움(Fear)

어떤 형태의 두려움이든 이는 신체의 근육을 필요 이상으로 긴장시켜 부드러운 스윙을 하는데 걸림돌이 되게 만든다. 골프에서 "내가 친 드라이버의 샷이 러프에 떨어질지도 모른다"는 부정적 사고보다 오히려 "내가 친 드라이버의 샷이 페어웨이에 안착하도록 최선의 스윙을 하자"라는 긍정적 사고가 도움이 된다.

(4) 주의 산만(Distraction)

주의 산만은 주위의 중요하지 않은 사물이나 자극에 쉽게 집중하지 못하는 경우를 말한다. 대부분의 사람들은 잘 인식하지 못하는 주변 환경의 변화에도 주의 산만한 골퍼는 민감하게 반응하며 온전히 게임에 집중을 못하므로 경기력을 저해하게 된다.

(5) 자부심(Pride)

골프선수가 자신보다 잘 치지 못하는 사람과 한 조에서 게임을 할 때는 샷이 잘 되지만, 실력이 좋은 이들과 함께 경기를 할 때는 주눅이 들어 실력 발휘를 잘 못하는 경우가 종종 있다. 자신의 실력을 과대평가하거나 과소평가하는 것도 좋지 않지만, 무엇보다 자신의 능력과 기술에 자부심을 갖고 경기를 하는 것이 바람직하다.

(6) 특기(Speciality)

　게임이 풀리는 않는 경우에 한두 개의 특기는 심리적 안정감에 도움을 주게 된다. 예를 들어, 전반적으로 샷이 흔들리는 날에 자신의 특기인 어프로치나 퍼터로 위기를 벗어날 수 있다는 긍정적 믿음은 경기를 풀어나가는 데 큰 도움이 된다.

(7) 연습(Practice)

　골프선수에게 연습을 하는 시간은 매우 중요하다. 누구에게나 장점과 단점이 있기 마련인데, 연습을 하는 시간에 자신의 단점을 보완하고 장점을 극대화하는 것은 자신감을 높여 게임 도중에 심리적 부분에 커다란 영향을 주게 된다. 따라서 무턱대고 많은 연습을 하는 것보다 효율적인 연습법을 통해 좋은 경기력을 유지해야 할 것이다.

(8) 심리 훈련(Psychological practice)

　골프는 기술적 훈련뿐만 아니라 심리 훈련도 같이 병행해야 좋은 결과를 얻을 수 있다. 예를 들어, 자신의 자신감 상태가 어느 정도인지 파악하고, 그 자신감을 높이기 위한 적절한 심리 훈련은 경기를 진행해나가는 데 있어 많은 도움을 준다.

(9) 경기력(Performance)

　골프 경기를 하다보면 경기력이 생각만큼 발휘되지 않는 경우도 다반사로, 이는 심리적 부담으로 이어질 가능성이 높다. 따라서 한두 번의 샷을 실수했다 할지라도 포기하지 말고 긍정적 생각을 갖고 경기에 임하는 것이 바람직하다.

제 2 장

불안

불안의 개념 / 불안의 유형
스포츠 경쟁불안의 원인 / 스포츠 경쟁불안의 측정
불안 해소방법

1. 불안의 개념

일상생활에서 불안(anxiety)은 자신의 주관적인 판단에 의한 것으로서 일종의 불쾌한 정서를 나타내는 두려움, 걱정, 긴장 등의 상태로 정의될 수 있다(Landers & Arent, 2006).

2. 불안의 유형

(1) 특성불안과 상태불안
일반적으로 불안은 특성불안(trait anxiety)과 상태불안(state anxiety)으로 구분하고 있다.

① 특성불안
Lander와 Arent(2006)는 특성불안과 상태불안의 차이점에 대해 다음과 같이 설명하였다. 특성불안은 어떤 사람이 선천적으로 타고난 성격 특성으로, 비 위협적인 상황에 대해 불안의 반응을 나타내는 경향성이라고 볼 수 있다. 이와는 대조적으로 상태불안은 특수한 상황에서 자율신경계의 활성화에 따라 나타나는 한 개인의 근심 및 긴장감을 의미한다. 선행연구에서 높은 특성불안의 성향을 가지고 있는 사람들은 높은 상태불안을 느끼게 된다(Weinberg & Gould, 2007).

② 상태불안

상태불안은 특정한 상황에서 느끼는 불안으로 인지적 불안(cognitive anxiety)과 신체적 불안(somatic anxiety)로 구분되는데 인지적 불안은 자신의 머릿속에서 부정적 생각이나 느낌 등으로부터 오는 불안이며, 신체적 불안은 불안의 정도가 높아짐에 따라 나타나는 신체적인 변화로 심박수의 증가, 근육 긴장, 손 떨림, 위경련 등으로 나타난다(Martens, Vealey, & Burton, 1990b).

인지불안

신체불안

(2) 경쟁불안

경쟁불안(competitive anxiety)은 일종의 경쟁적인 상황을 위협적으로 지각하고, 이로 인해 느끼는 불안 반응을 의미하는 것으로 스포츠 현장에서 자주 나타난다(이종우, 2003). 경쟁불안은 경쟁특성불안(competitive trait anxiety)과 경쟁상태불안(competitive state anxiety)으로 구분된다. 경쟁특성불안은 "경쟁적 상황을 위협적으로 지각하고 이러한 상황에 대한 우려와 긴장의 감정으로 반응하려는 경향"(Martens, 1977)이며, 경쟁상태불안은 "한 개인이 경쟁상황에서 느끼는 긴장이나 불안 등과 같은 부정적인 정서"를 수반한다(Peden, 2007).

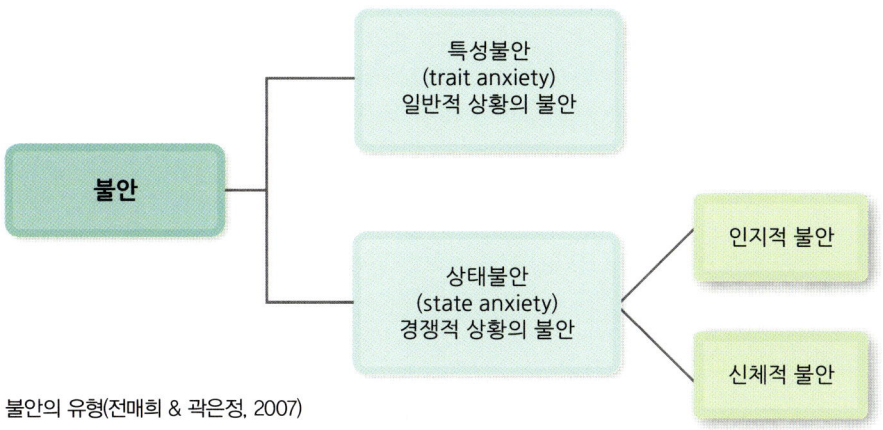

불안의 유형(전매희 & 곽은정, 2007)

3. 스포츠 경쟁불안의 원인

> 경쟁적인 스포츠 현장에서 선수들이 경험하는 불안의 원인은 다음과 같다.
>
> **01 실패에 대한 공포** 스포츠 상황에서 선수가 자신의 수행결과에 대한 부정적인 생각이나 실패에 대한 두려움 등이 원인이 된다.
>
> **02 불만족스러운 신체적 증상** 선수가 지각하는 경쟁적인 상황에서 몸의 경직, 잦은 소변과 하품 등과 같은 신체적 변화가 불안을 초래한다.
>
> **03 부적합한 느낌** 몸의 상태가 좋지 않거나 경기 장비에 대해 불쾌한 기분도 원인이 될 수 있다.
>
> **04 통제력의 상실** 경기력에 영향을 주는 날씨의 변화, 심판의 공정치 못한 판정에 대한 걱정, 징크스 등 자신이 통제하기 힘든 상황에 대한 불안감을 의미한다.

출처 : 황진, 김상범, 김병준, & 김영숙(2015). 스포츠 심리학(p.97).

4. 스포츠 경쟁불안의 측정

(1) 스포츠 경쟁불안의 하위요인

스포츠 경쟁불안 검사지-2(Competitive State Anxiety Inventory-2)에서는 불안을 인지적 상태불안, 신체적 상태불안 그리고 상태 자신감의 3가지 하위 요인으로 구성되었으며, 총 27개의 문항이 포함되어 있다.

(2) 채점 방법

본 측정도구에서 각 하위 요인(인지적 상태불안, 신체적 상태불안 및 상태 자신감)은 9문항씩 총 27개의 문항이 자기보고식으로 구성되어 있다. 신체적 상태불안을 묻는 14번 문항은 역채점(reverse-coding)이 필요하며, 각 하위 요인들의 점수는 최저 9점에서 최고 36점까지 나올 수 있다. 각 하위 요인의 측정 문항은 다음과 같다.

- 인지적 상태불안을 측정하는 문항 : 1, 4, 7, 10, 13, 16, 19, 22, 25번
- 신체적 상태불안을 측정하는 문항 : 2, 5, 8, 11, 14, 17, 20, 23, 26번
- 상태 자신감을 측정하는 문항 : 3, 6, 9, 12, 15, 18, 21, 24, 27번

(3) 채점 결과

Martens와 동료들(1990a)은 연구를 통해 인지적 상태불안, 신체적 상태불안 그리고 상태 자신감과 경기력의 관계를 다음과 같이 제시하였다.

▶ 경쟁상태불안과 경기력과의 관계

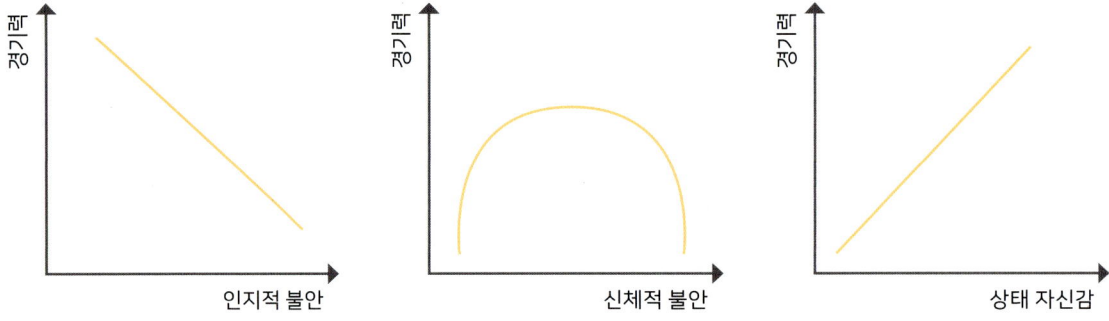

① 인지적 상태불안이 높을수록 경기력은 저하된다.
② 신체적 상태불안은 적정한 수준에 이르렀을 때 최적의 경기력을 보여준다.
③ 상태자신감이 높을수록 경기력은 올라간다.

(4) 스포츠 경쟁불안 검사지

다음 문장을 읽고 자신의 느낌에 가장 적합한 한 곳에 O를 표시한 다음 각 하위 요인별로 합산을 해 주십시오.

▶ 출처 : Martens, R., Vealey, R. S., & Burton, D. (1990). Competitive anxiety in sport. Champaign, IL: Human Kinetics.

스포츠 경쟁불안 검사-2 (Sport competitive state anxiety inventory-2)	전혀 아니다	약간 그렇다	상당히 그렇다	매우 그렇다
1. 이번 시합에 신경이 쓰인다.				
2. 초조하다.				
3. 마음이 가볍다.				
4. 자신감에 대하여 의문을 갖는다.				
5. 내 몸이 과도하게 민감해진다.				
6. 마음이 편하다.				
7. 기량을 잘 발휘할 수 없을까 봐 걱정이 든다.				
8. 몸이 긴장된다.				
9. 자신이 있다.				
10. 질까 봐 걱정이 된다.				
11. 속이 긴장된다.				
12. 안심이 된다.				
13. 압박감 때문에 답답할까 봐 걱정된다.				
14. 몸이 이완된다(R).				
15. 어려운 상황과 마주하더라도 자신이 있다.				
16. 경기를 못할까 봐 걱정이 된다.				
17. 심장이 빨라진다.				
18. 시합을 잘 해낼 자신이 있다.				
19. 목표하는 바를 이룰지 걱정이 된다.				
20. 속이 철렁한다.				
21. 정신적으로 여유가 생긴다.				
22. 다른 사람이 내 경기를 보고 실망할까 봐 걱정된다.				
23. 손이 끈적거린다.				
24. 내가 달성하는 것을 상상하니까 자신 있다.				
25. 집중을 못할까 봐 걱정이 된다.				
26. 몸이 굳는다.				
27. 정신적 압박을 견디어 낼 자신이 있다.				

5. 불안 해소방법

(1) 심상 훈련(Imagery training)
① 심상의 개념과 유형

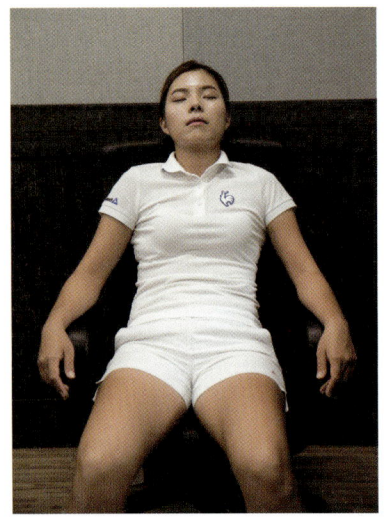

　심상(imagery)은 "감각에 의하여 획득한 현상이 마음속에서 재생된 것"을 의미한다(네이버 국어사전). 스포츠 상황에서 심상 훈련이란 "근의 활동을 수반하는 신체적 연습에 대한 상대적 개념으로 심상을 통제하면서 체계적으로 이용하는 방법을 배우는 과정으로서 운동 수행의 장면을 정신적으로 상상하여 운동학습의 효과를 증진시키는 연습 방법"이다(은희관, 김상태, 김민현, 김용규, 이승민, 2016, p.188). 즉, 심상 훈련의 특징은 인간의 오감[五感 : 시각, 청각, 후각, 미각, 촉각) 혹은 운동 감각을 동원하여 자신의 운동 수행 장면을 머릿속에 떠올리는 것이라 할 수 있다. 심상 훈련은 내적 심상(internal imagery)과 외적 심상(external imagery)으로 구분된다. 내적 심상은 모든 감각을 동원하여 자신이 직접 수행을 하는 상을 머릿속에 떠올리는 것이며, 외적 심상은 외부의 관찰자 입장에서 자신의 수행 모습을 그려보는 것을 의미한다(전매희 & 곽은정, 2007).

---

② 심상의 측정
　본 측정도구는 심상을 측정하기 위한 것으로 Martens(1987)가 개발한 스포츠 심상의 척도를 국내에서 정청희와 김병준(2009)이 재구성한 것을 활용하였다.

　다음 상황을 읽은 후 그 상황에 대해 가능한 구체적으로 상상해본다. 그런 다음 눈을 감고 심신이 이완되도록 심호흡을 한다. 이 순간에 머릿속의 잡념은 모두 잊는다. 약 1분간 눈을 감고 제시된 상황을 상상한다. 상상이 끝나면 자신의 머릿속에 떠오른 이미지와 가장 가깝다고 생각되는 번호에 표시한다.

가. 혼자서 연습하는 상황

자신의 종목에서 기술 한 가지를 선택한다. 평소에 연습하는 장소에서 주변에 아무도 없이 혼자서 그 동작을 수행하는 장면을 생각한다. 약 1분간 눈을 감고 그 장소에서 연습하는 자신의 모습을 보고, 소리를 듣고, 몸의 움직임과 기분 상태를 느껴보자. **(1=매우 나빴다, 5=매우 좋았다)**

1. 동작을 수행하는 자신의 모습이 얼마나 잘 보였는가?	1	2	3	4	5
2. 동작은 수행하는 소리는 얼마나 잘 들렸는가?	1	2	3	4	5
3. 동작을 수행하는 느낌이 얼마나 잘 느껴졌는가?	1	2	3	4	5
4. 기분 상태가 얼마나 잘 느껴졌는가?	1	2	3	4	5
5. 이미지를 얼마나 잘 조절할 수 있었는가?	1	2	3	4	5

나. 타인이 보고 있는 상황

코치나 동료 선수가 주변에 있는 상황에서 그 동작은 연습한다. 여러분이 실수를 하고 모든 사람이 이를 눈치챈다. 약 1분간 눈을 감고 자신이 어떤 실수를 하는 장면과 실수를 한 직후의 상황을 가능한 명확하게 상상해보자.

1. 이 상황에 처한 자신의 모습이 얼마나 잘 보였는가?	1	2	3	4	5
2. 이 상황에서 소리는 얼마나 잘 들렸는가?	1	2	3	4	5
3. 동작을 수행하는 느낌이 얼마나 잘 느껴졌는가?	1	2	3	4	5
4. 이 상황에서 기분 상태가 얼마나 잘 느껴졌는가?	1	2	3	4	5
5. 이미지를 얼마나 잘 조절할 수 있었는가?	1	2	3	4	5

다. 동료 선수를 관찰하는 상황

동료 선수가 시합에서 실수하는 상황을 생각해보자. 예를 들면 페널티킥의 실축, 평균대에서 떨어지는 것, 패스 미스 등을 하는 상황을 가정하자. 약 1분간 눈을 감고 동료 선수가 시합의 중요한 시점에서 실수하는 장면을 가능한 선명하게 상상해보자.

1. 이 상황에 처한 동료의 모습이 얼마나 잘 보였는가?	1	2	3	4	5
2. 이 상황에서 소리는 얼마나 잘 들렸는가?	1	2	3	4	5
3. 자신의 존재나 동작이 얼마나 잘 느껴졌는가?	1	2	3	4	5
4. 이 상황에서 기분 상태가 얼마나 잘 느껴졌는가?	1	2	3	4	5
5. 이미지를 얼마나 잘 조절할 수 있었는가?	1	2	3	4	5

라. 시합 출전 상황

자신이 시합에서 그 동작을 수행한다고 상상해보자. 이번에는 그 동작을 매우 능숙하게 해낸다. 관중과 동료가 잘했다고 환호를 한다. 약 1분간 눈을 감고 이 상황을 가능한 선명하게 상상해보자.

1. 이 상황에 처한 자신의 모습이 얼마나 잘 보였는가?	1	2	3	4	5
2. 이 상황에서 소리는 얼마나 잘 들렸는가?	1	2	3	4	5
3. 동작을 수행하는 느낌이 얼마나 잘 느껴졌는가?	1	2	3	4	5
4. 이 상황에서 기분 상태가 얼마나 잘 느껴졌는가?	1	2	3	4	5
5. 이미지를 얼마나 잘 조절할 수 있었는가?	1	2	3	4	5

채점방법 각 상황에서 첫 번째 질문에 대한 답을 모두 합하면 시각 점수가 된다. 두 번째 질문에 대한 답은 청각 점수가 된다. 같은 방식으로 나머지 영역에 대한 점수도 다음과 같이 계산하여 아래에 적어보자.

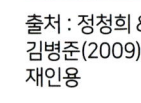

출처 : 정청희 & 김병준(2009), 재인용

평가 각 영역별 최저점은 4점이며, 최고점은 20점이다. 20점에 가까울수록 해당 영역의 기술이 좋은 것을 의미한다. 영역별 총점을 계산하여 다음과 같은 기준으로 각 영역별 수준을 평가한다.

시각 　 ■ + ■ + ■ + ■ = ■
청각 　 ■ + ■ + ■ + ■ = ■
운동감각 ■ + ■ + ■ + ■ = ■
기분상태 ■ + ■ + ■ + ■
조절력 　 ■ + ■ + ■ + ■

18-20점 기술수준이 높음. 주기적으로 연습하여 높은 수준을 유지해야 함
13-17점 기술수준이 보통. 매주 시간을 할애하여 심상 기술을 발달시켜야 함
12점 이하 매일 연습을 통해 심상기술을 발달시켜야 함

---

③ 심상 훈련방법

심상의 효과를 높이기 위한 방법은 다음과 같은 요소들을 고려해야 한다(전매희 & 곽은정, 2007).

가. 적합한 장소의 선택

먼저 심상 훈련에 적합한 장소를 찾는 것이 매우 중요하다. 일반적으로 심상 훈련을 실시하기 위한 최적화된 장소는 주위가 조용하며, 본인이 편안함을 느낄 수

있는 곳으로 선택하는 것이 좋다. 집중하기에 어려운 장소는 심상을 하는 데 도움이 되지 못한다.

나. 몸과 마음이 편안한 상태에서 시작
심상의 기법은 몸과 마음이 편안한 상태에서 시작해야 효과를 극대화할 수 있다. 이를 위해 심호흡이나 또는 점진적 이완기법 등을 통해 긴장을 완화한 후 하는 것이 바람직하다.

다. 심상을 위한 동기와 확신
심상 훈련을 왜 해야 하는지에 대한 확고한 인식은 동기 수준을 높이는 데 효과적이다. 훈련에 대한 의심과 같은 부정적 생각은 좋은 결과를 이끌어내는 데 방해 요소가 된다.

라. 비디오나 녹음테이프의 사용
심상은 인간의 모든 감각(시각, 청각, 후각, 미각, 촉각) 또는 운동 감각을 활용하여 자신의 운동 수행의 상을 머릿속에 그려보는 것이다. 따라서 자신이 완벽하게 기술 수행을 했을 때 비디오로 녹화를 한 후, 훈련 시 반복적으로 보게 되면 머릿속에 이미지를 그리는 데 많은 도움이 된다.

마. 실제시간과 동일
심상 훈련의 시간은 운동 수행을 완수하는 데 걸리는 시간보다 짧은 경향이 많다. 훈련의 성과를 높이기 위해서는 심상 시간과 운동 수행시간이 동일해야 한다. 이를 위해 수행자는 심상 훈련의 시간을 일지에 기록해 놓고 비교를 해보는 것이 좋다.

바. 훈련의 일지를 기록
자신의 심상 훈련의 날짜, 시간, 느낌 등을 습관적으로 기록해야 한다. 이를 통해 어떤 점이 좋아졌는지 혹은 어떤 부분을 보완해야 할지를 평가할 수 있다.

(2) 호흡 조절법
호흡 조절의 절차(Gould & Weinberg, 1995)

① 흡기
코를 통해 깊게 그리고 천천히 들이마시며, 가로막 아래로 내려가는지에 집중한다.

흡기 시 배를 충분히 바깥쪽으로 내민다. 흡기는 약 5초간 지속한다.

② 호기

입을 통해 천천히 내쉰다. 팔과 어깨의 근육들이 이완됨을 느낀다. 내쉬면서 이완됨에 따라 중심이 견고하여 바닥이 잘 고정되어 있음을 느낀다. 다리는 이완되었지만 단단하게 느껴진다. 호기는 약 7초간 지속한다.

출처 : 이병기 외 8명(2010). 스포츠 심리학(p.104)

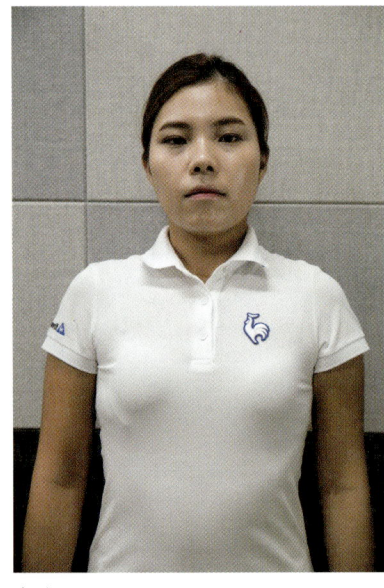
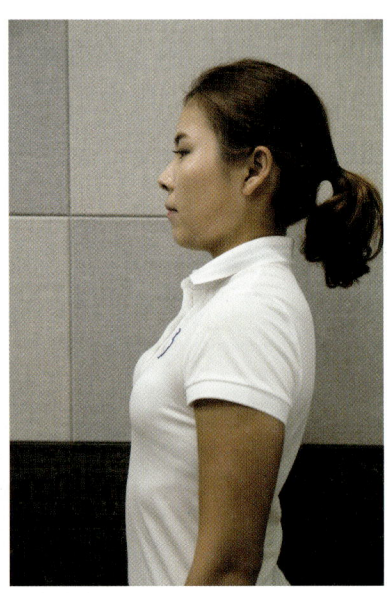

흡기

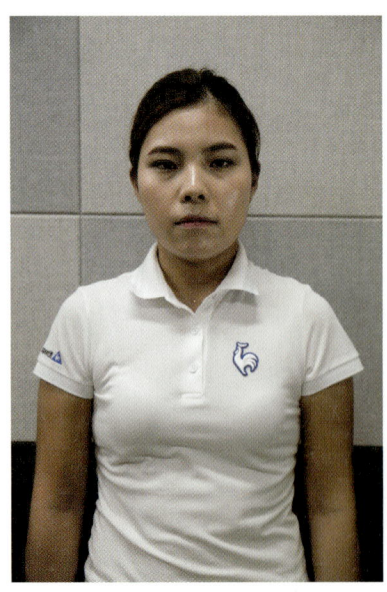
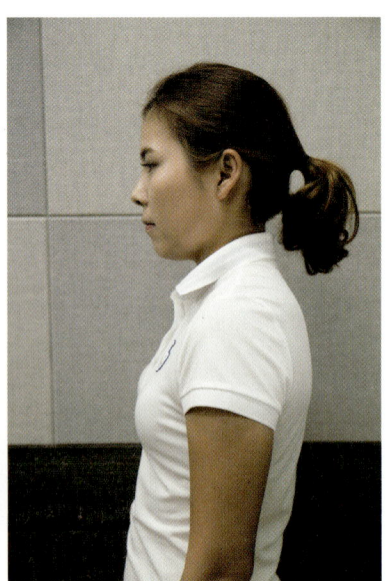

호기

(3) 점진적 이완훈련

Jacobson(1930)은 점진적 이완기법(progressive relaxation technique)을 처음으로 개발하였는데 이는 긴장이나 경련된 근육 부위를 훈련을 통해 이완을 시켜 안정을 찾게 하는 훈련이라고 언급하였다. 점진적 이완훈련법은 아래와 같다.

① 점진적 이완훈련(Jacobson, 1930)

가. 발가락

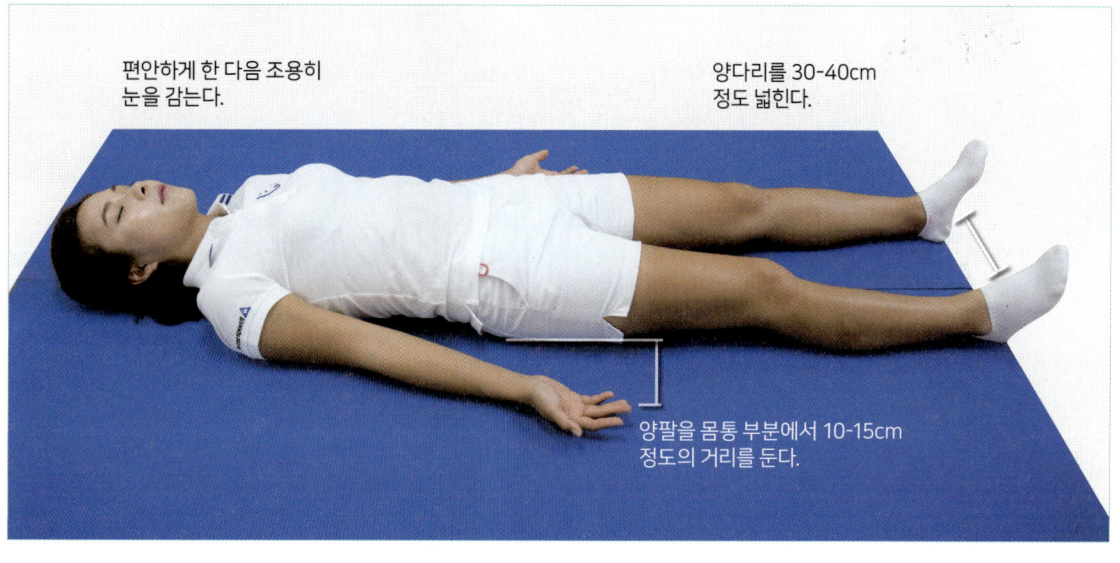

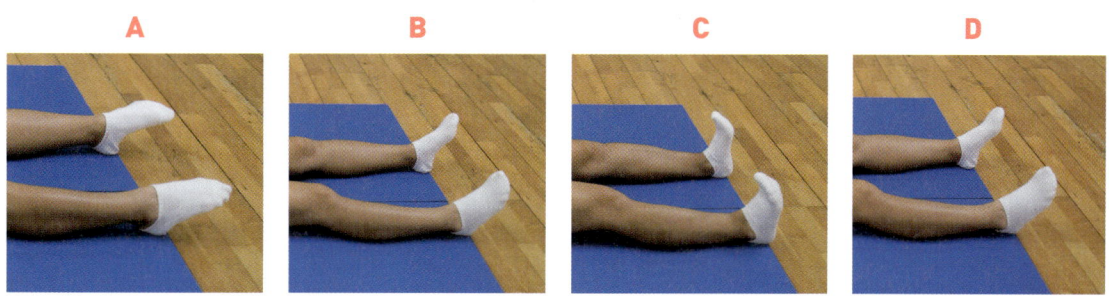

Ⓐ 호흡을 중지하고 양 발가락을 최대한 밖으로 편 다음 마음속으로 다섯을 세면서 발가락의 오목한 부분에 긴장을 느낀다. 하나, 둘, 셋, 넷 그만.

Ⓑ 숨을 길게 내쉬면서 발가락을 원 상태로 한다. 호흡이 고르게 되었을 때, 다시 호흡을 멈추고 2회 반복 실시한다.

Ⓒ 다음은 호흡을 중지하고 양 발가락을 몸 쪽으로 최대한 당긴 다음 마음속으로 다섯을 셀 때까지 유지하면서 긴장을 느껴 본다.

Ⓓ 숨을 길게 내쉬면서 발가락을 원 상태로 편안하게 놓는다.

나. 다리

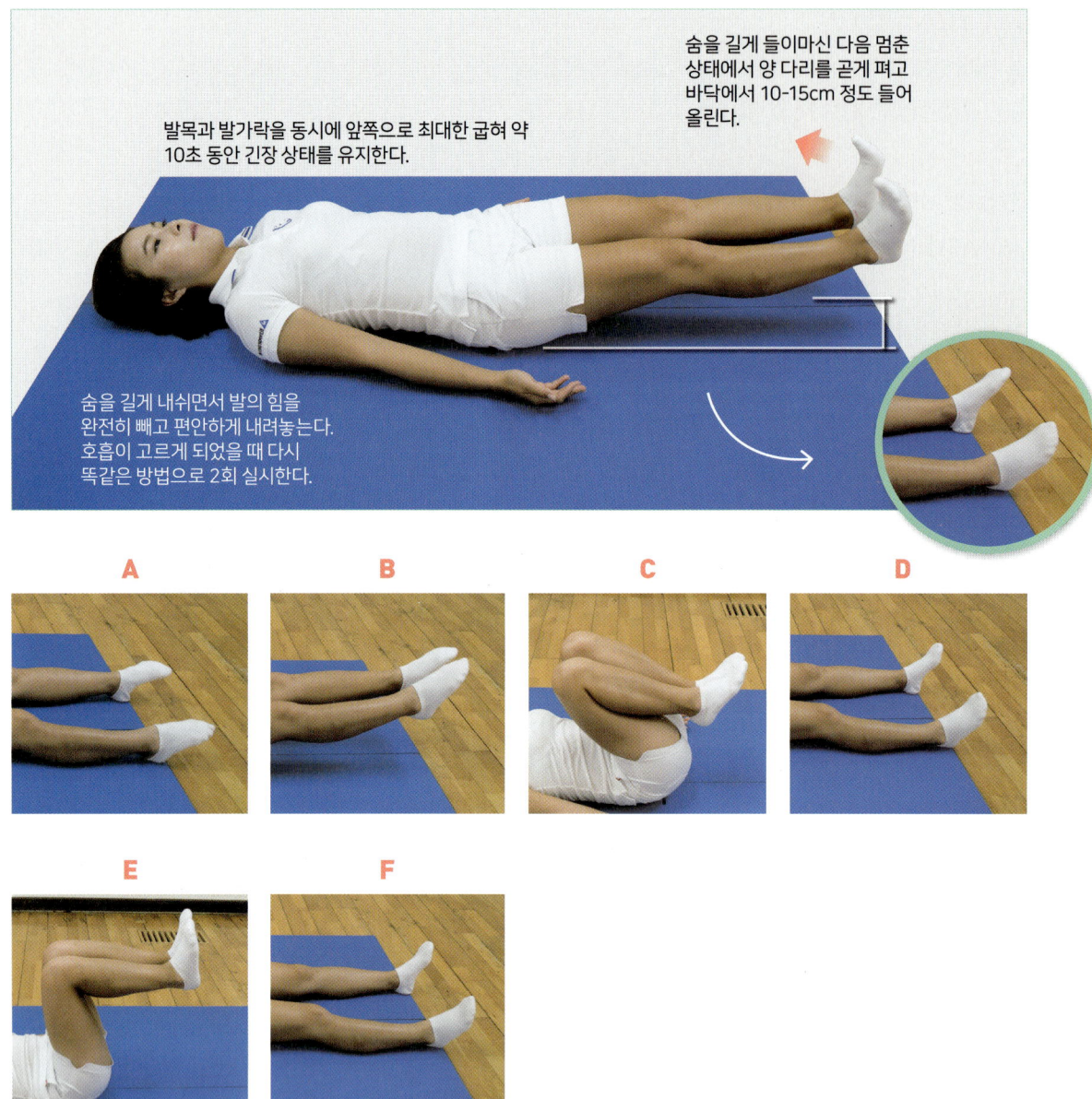

Ⓐ 다음은 발목과 발가락을 최대한 밖으로 편 다음 역시 10초 동안 긴장 상태를 유지한다.

Ⓑ 호흡이 고르게 되었을 때 다시 숨을 깊게 들이마신 다음 멈춘 상태에서 양다리를 곧게 펴고 바닥에서 10-15cm 들어 올려 5초 동안 유지한다. 하나, 둘, 셋, 넷, 그만.

Ⓒ 이번에는 숨을 길게 내쉬면서 동시에 양 발가락과 발목을 최대한 밖으로 펴면서 양 무릎을 가슴에 발 뒤꿈치를 엉덩이 쪽으로 끌어 당겨 숨을 멈춘 상태에서 5초 동안 긴장 상태를 유지한다.

Ⓓ 숨을 길게 들이마시고 내쉬면서 양다리를 원 상태로 천천히 그리고 편안하게 내려놓는다. 10초 동안

쉬면서 다리가 묵직하고 따뜻하면서 서서히 이완되는 것을 느끼게 된다.

Ⓔ 호흡이 고르게 되었을 때 양다리 사이가 뜨지 않게 곧게 뻗은 다음 무릎을 위로 올려 종아리와 허벅지 사이가 90-100도 정도 되게 구부린다. 하나, 둘, 셋, 넷, 그만.

Ⓕ 숨을 길게 내쉬면서 양다리를 원 상태로 천천히 그리고 편안하게 양다리 사이를 30-40cm 정도 넓혀 내려놓는다. 엉덩이와 다리가 묵직하게 가라앉는 느낌과 함께 호흡이 정상으로 될 때까지 휴식을 취한다.

다. 손과 팔

온 몸에 힘을 빼고 바로 누운 상태에서 최대한 뒤로 젖히고 양 손가락에 최대한 힘을 주어 뻗는다.

손이 떨릴 정도로 힘을 주면서 10초 동안 손등에 긴장을 느껴 본다. 하나, 둘, 셋, 넷, 다섯, 여섯, 일곱, 여덟, 아홉, 그만.

Ⓐ 숨을 길게 내쉬면서 손의 힘을 완전히 뺀다.

Ⓑ 다음 숨을 깊고 길게 들이마신 다음 멈춘 상태에서 두 주먹을 꽉 쥔다. 주먹이 떨릴 정도로 힘을 주면서 10초 동안 긴장을 느껴 본다. 하나, 둘, 셋, 넷, 다섯, 여섯, 일곱, 여덟, 아홉, 그만.

Ⓒ 숨을 길게 내쉬면서 두 손을 서서히 편다.

Ⓓ 다시 숨을 깊고 길게 들이마신 다음 멈춘 상태에서 양 주먹을 꽉 쥐고 양 어깨에 거의 닿도록 하며 목에 힘이 가해지지 않도록 한다.

Ⓔ 이두박근에 긴장을 10초간 느낀 다음 서서히 숨을 내쉬면서 팔을 원 상태로 내려놓는다. 이때 팔의

긴장과 이완의 차이를 느끼게 된다.

라. 몸

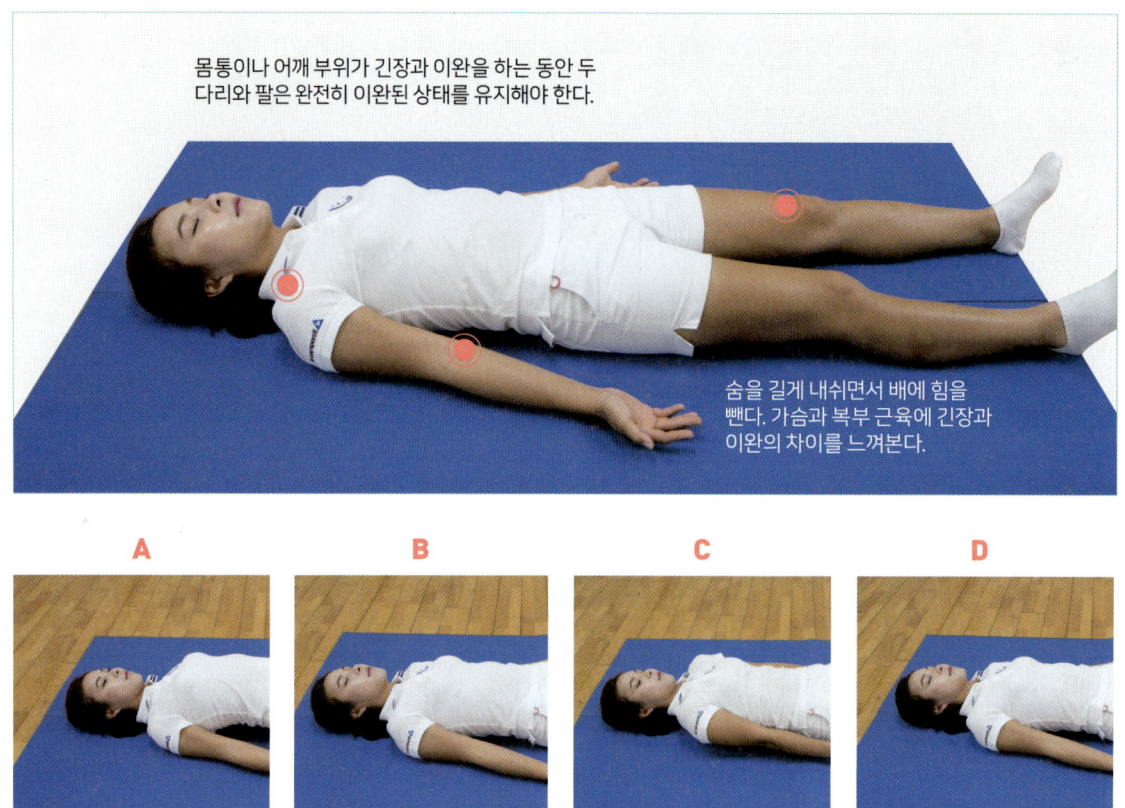

 Ⓐ 다음은 숨을 깊고 길게 들이마시면서 양쪽 어깨를 최대한 뒤로 젖히고 가슴과 배를 들어 올린다. 이때 양 어깨가 5초 동안 바닥에 힘을 가하면서 긴장을 느끼게 된다. 하나, 둘, 셋, 넷, 그만.
 Ⓑ 숨을 내쉬면서 어깨 부위를 편안히 내려놓아 이완시킨다.
 Ⓒ 숨을 깊고 길게 들이마시면서 양쪽 어깨를 들어 올려 5초 동안 앞쪽으로 최대한 서로 닿을 정도로 움츠린다. 이때 등의 척추는 바닥에 닿고 마치 뜨거운 피가 흐르는 것과 같은 느낌을 가진다. 하나, 둘, 셋, 넷, 그만.
 Ⓓ 숨을 서서히 내쉬면서 어깨 부위를 편안히 내려놓아 이완을 시킨다. 지금까지의 이완 운동을 통해 팔, 다리, 그리고 몸통 부분이 묵직하게 가라앉는 느낌과 함께 호흡이 정상이 될 때까지 휴식을 취한다.

마. 목

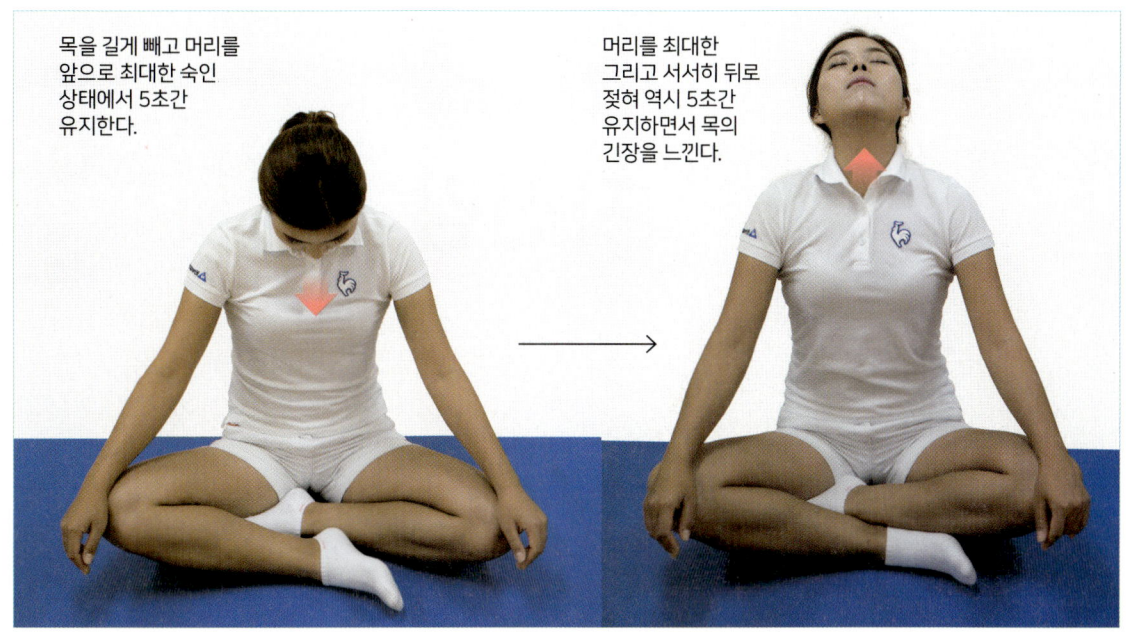

목을 길게 빼고 머리를 앞으로 최대한 숙인 상태에서 5초간 유지한다.

머리를 최대한 그리고 서서히 뒤로 젖혀 역시 5초간 유지하면서 목의 긴장을 느낀다.

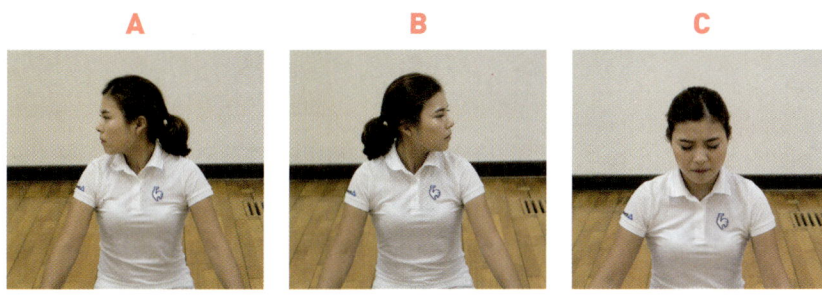

Ⓐ 서서히 머리를 우측으로 돌린 다음 멈추고 마음속으로 숫자를 센다. 하나, 둘, 셋, 넷, 그만.

Ⓑ 반대로 왼쪽 어깨를 향하여 최대한 돌린 다음 역시 5초간 긴장을 느낀다. 하나, 둘, 셋, 넷, 그만.

Ⓒ 이번에는 눈을 꼭 감고 눈알을 안으로 끌어당긴다.

Ⓓ 이때 미간에 깊은 주름을 지게하며 10초간 실시한다. 하나, 둘, 셋, 넷, 다섯, 여섯, 일곱, 여덟, 아홉, 그만.

Ⓔ 원래의 상태로 돌아와 3-4분간 가만히 그리고 온몸에 힘을 빼고 누워 있는다.

출처 : 은희관 외 4명(2010). 스포츠 심리학(p.184-188).

제 3 장

자신감

자신감의 개념 / 자신감의 효과 / 스포츠 자신감의
분류와 개념 모형 / 스포츠 자신감의 측정
/스포츠 자신감 향상 전략

1. 자신감의 개념

국어사전에 의하면, 자신감(self-confidence)은 "어떤 일을 스스로의 능력으로 충분히 감당할 수 있다고 믿는 마음"으로 정의하였다. 스포츠 상황에서의 자신감은 성공적인 운동 수행을 위해 요구되어지는 자신의 능력에 대한 확고한 믿음을 말한다(Vealey, 1986).

2. 자신감의 효과

스포츠 현장에서 자신감은 많은 긍정적 영향을 주는데, 그 효과에 대해서 살펴보면 다음과 같다(전매희 & 곽은정, 2007).

가. 긍정적 사고의 강화

자신감의 형성은 "나는 해낼 수 있다"라는 긍정적 생각

나는 할 수 있다!

을 갖게 만드는 데 도움이 된다.

나. 집중력의 강화

자신감을 갖고 있는 사람은 그렇지 않은 사람에 비해 자신에게 주어진 과제에 대해 높은 수준의 집중력을 갖는다.

다. 구체적인 시합전술 설정과 경기력

자신감의 수준이 높은 사람은 승리를 위해 모든 초점을 맞추어 경기 전략을 설정한다. 그러나 자신감이 부족한 사람은 실수에 대한 걱정이나 염려가 많기에 좋은 경기력을 선보일 가능성이 비교적 적다.

긍정적 사고의 강화

집중력의 강화

3. 스포츠 자신감의 분류와 개념 모형

스포츠 자신감은 크게 '특성 스포츠 자신감'(trait-sport confidence)과 '상태 스포츠 자신감'(state-sport confidence)으로 분류된다. Vealey(1986)는 자신감의 특성을 아래와 같이 분류하여 설명하였다. 특성 스포츠 자신감이란 시합을 떠올렸을 때 좋은 경기력을 선보이기 위해 필요한 자신의 능력에 얼마나 자신감을 갖고 있는지를 측정하는 하는 것이다. 상태 스포츠 자신감은 특정 시합 순간에 느끼는 자신의 능력에 대한 믿음의 정도를 표현하는 것이다.

Vealey(1986)는 스포츠 자신감의 이론을 설명하기 위해 아래와 같은 개념적 모형의 틀을 제시하였다. 먼저 객관적인 스포츠 상황에서 한 선수의 소질적인 성격적 특성(특성 스포츠 자신감)으로 성공적인 수행에 대한 믿음을 갖고 있을 뿐만 아니라 자기 자신이 설정한 목표를 성취하고자 하려는 경향(경쟁 지향성)은 특정한 순간의 자신감(특성 스포츠 자신감)을 높이게 된다. 즉, 특성 스포츠 자신감과 경쟁 지향성의 상호 작용은 상태 스포츠 자신감의 수준을 높이게 된다는 것이다. 이러한 상태 스포츠 자신감은 운동 수행에 직접적인 영향을 주어 좋은 결과를 도출하게 된다. 마지막으로 좋은 결과(주관적인 결과)는 특성 스포츠 자신감과 경쟁 지향성에 영향을 주거나 받는다.

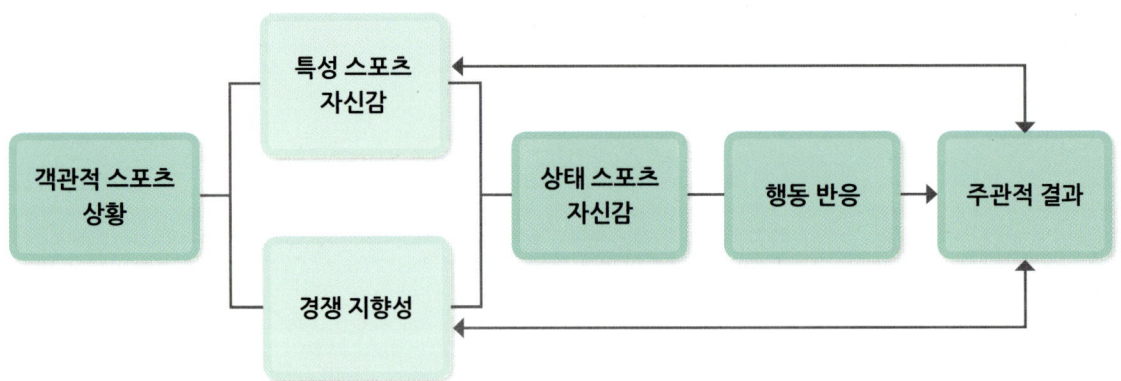

스포츠 자신감의 개념 모형(Vealey, 1986)

4. 스포츠 자신감의 측정

(1) 스포츠 자신감의 측정 종류

특성 스포츠 자신감의 설문지와 상태 스포츠 자신감의 설문지의 형태는 각 문항별로 같은 내용이 포함되어 있다. 그렇지만 두 설문지의 차이점을 간단히 요약하자면, 전자의 경우는 '경기와 관련하여 평상시 선수가 인지하고 있는 자신의 능력에 대한 믿음이나 신념'을 측정하지만, 후자의 경우는 '실제 시합에 들어가기 전에 선수의 자신감의 정도'를 측정하는 것이 다르다고 할 수 있다.

(2) 특성 스포츠 자신감의 측정 시기

특성 스포츠 자신감에 대한 설문지 작성은 선수들의 시합이 시작되기 3일 전부터 2주 사이에 측정하는 것이 적절하며, 상태 스포츠 자신감의 설문지는 시합이 시작되기 약 30분 전부터 1시간 사이가 바람직하다.

(3) 특성 스포츠 자신감 채점 방법

Vealey(1986)는 스포츠 자신감의 개념 모형의 토대로 9점 리커트 척도를 구성하였다. 1점은 특성 스포츠 자신감 수준이 낮음을 의미하며, 9점은 높은 수준을 나타낸다. 따라서 점수가 높을수록 특성 스포츠 자신감의 정도가 높음을 알 수 있다.

(4) 특성 및 상태 스포츠 자신감 설문지

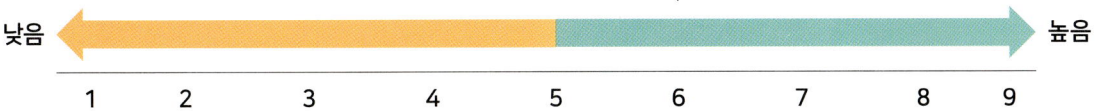

특성 스포츠 자신감(Trait Sport-Confidence Inventory)   상태 스포츠 자신감(State Sport-Confidence Inventory)
1. 경기를 잘 하는데 필요한 기술수준에 대한 자신감은 어느 정도입니까?
2. 결정적인 결정을 할 때 당신의 자신감은 어느 정도입니까?
3. 부담을 갖고 경기를 할 때의 자신감은 어느 정도입니까?
4. 전략을 성공적으로 수행할 자신감은 어느 정도입니까?
5. 성공적인 경기를 위해 필요한 집중력에는 어느 정도 자신감이 있습니까?
6. 매 경기마다 잘 적응하여 잘할 수 있는 자신감은 어느 정도입니까?
7. 경기목표 달성 능력에 대한 자신감은 어느 정도입니까?
8. 성공적인 경기를 할 수 있는 능력에 대한 자신감은 어느 정도입니까?
9. 경기를 일관성 있게 잘 해낼 수 있는 자신감은 어느 정도입니까?
10. 경기 중 생각과 행동을 훌륭하게 할 수 있는 자신감은 어느 정도입니까?
11. 경쟁에 대처할 능력에 대한 자신감은 어느 정도입니까?
12. 상황이 불리함에도 불구하고 경기를 잘 해낼 수 있는 자신감은 어느 정도입니까?
13. 경기 중 위기를 극복해 낼 수 있는 자신감은 어느 정도입니까?

출처 : Vealey, R. S. (1986). Conceptualization of sport-confidence and competitive orientation: Preliminary investigation and instrument development. Journal of Sport Psychology, 8, 221-246.

5. 스포츠 자신감 향상 전략

Weinberg와 Gould(1995)는 스포츠 상황에서 선수들의 자신감을 높이는 전략에 대해 다음과 같이 언급하였다.

(1) 성공 체험

이전의 자기 스스로의 성공적 수행 체험은 자신감의 향상을 돕게 된다. 따라서 지도자는 선수들에게 실제 상황과 아주 흡사한 연습 환경을 조성하는데 노력을 기울여야 할 것이다. 예를 들면, 어떤 골프선수가 연습장에서는 어프로치(approach) 샷을 곧잘 하지만, 정작 골프장에서는 실수를 하는 경우가 종종 있다. 이에 지도자는 실제로 필드에 나가서 어떤 점이 문제이고, 어떻게 보완을 해야 하는지에 대해 선수에게 피드백을 제공해야 한다. 그 후 반복적인 학습을 하게 한 후 어프로치 샷의 성공률이 높이게 한다. 실제 골프장에서의 반복적 성공 경험은 선수가 자신감을 갖는 데 많은 도움을 주게 된다.

(2) 심상

자신감을 높이기 위해서 선수가 이전에 기술을 완벽하게 수행했던 장면을 찍어 동영상을 만든 후 반복적으로 보게 한다. 예를 들면, 한 골프선수가 예전에 잘 치던 드라이버 샷이 입스(yips)로 인해 실패에 대한 과도한 두려움을 호소하고 있다면, 지도자는 그 선수의 드라이버 스윙이 완벽했던 때에 비디오에 녹화를 해놓고, 반복적으로 보게 만든다. 이 기법은 학습자가 반복해서 녹화를 본 후 심상을 통해 성공적 수행을 떠올리는 데 도움이 될 것이다.

(3) 사고의 전환

선수의 부정적이고 비관적인 생각을 긍정적 사고의 발상으로 전환한다. 실패에 대한 두려움이 많으면 긍정적 사고를 이끌어 낼 수 없다. 따라서 그린 위에서 퍼팅을 하는 경우 '볼이 홀컵에 들어가지 않으면 어떻게 하지?'보다는 '나는 어떠한 어려운 상황과 마주하더라도 충분히 극복하고 목표를 성취할 수 있다' 혹은 '이번에 못하면 다음 홀에 가서 만회하면 된다'는 긍정적 사고는 자신감을 향상시킨다. 즉, 선수가 연습 상황이나 시합 중에 스스로와 대화를 나누는 자기 대화(self-talk)를 통해 긍정적 사고를 갖는 것은 자신감을 증진시킬 수 있다.

(4) 신체적 상태

선수의 몸 상태가 좋지 않거나 부상이 있는 경우 실력 발휘를 할 수 있는 기회가 줄어들기 때문에 자신감이 떨어질 가능성이 높다. 따라서 체계적 훈련, 영양 섭취 그리고 충분한 휴식을 병행하여 최상의 경기력을 발휘할 수 있는 몸 상태를 유지하는 데 꾸준한 노력을 할 필요가 있다.

(5) 시합 준비

선수가 시합의 참가를 위해 충분한 준비를 했다는 것은 자신감의 정도를 높이는 데 도움이 된다. 예를 들면, 어떤 골프선수가 연습 라운드를 통해 코스의 지형에 따라 몇 번 홀에서는 공격적으로 전략을 짜고, 몇 번 홀에서는 안정적으로 코스를 공략할지 준비하고 들어가는 것은 불안감을 줄이고 심리적 안정(psychological well-being)을 유지하는 데 도움이 된다.

제 4 장

스포츠 탈진

탈진의 개념 / 탈진의 결과
스포츠 탈진의 측정 / 스포츠 탈진의 예방법

1. 탈진의 개념

일반적으로 탈진(burn-out)이라는 개념은 "주로 작업 환경에서 쓰이는 장기 피로와 정열 상실(인격 상실 또는 시니시즘)의 심리학 용어"를 의미한다(위키백과). 탈진은 경쟁이 치열한 스포츠 상황에서 승리에 대한 압박을 받고 있는 선수들에게도 빈번하게 노출된다(Smith, 2007). 스포츠 탈진에 대해 유소연(2014)은 "과도한 훈련이나 경기로 인하여 지속적인 스트레스에 대한 반응으로 심리적, 정서적 및 신체적으로 고갈된 상태"라고 요약하였다(p. 36). 따라서 선수들의 탈진이 심한 경우에는 스포츠 경기력을 저하시킬 뿐만 아니라 운동 지속에 대한 회의감까지도 들게 만들기 때문에 매우 중요한 변수로 간주된다.

2. 탈진의 결과

Schaufeli와 Buunk(2003)는 탈진 증후군이 지속되면 일어날 수 있는 결과를 25년 동안의 연구를 통해 다음과 같은 5가지 현상이 일어난다고 보고하였다 (Goodger, Gorely, Harwood, & Lavallee, 2007; Raedeke & Smith, 2004).

가. 부정적 정서
한 개인의 삶에서 탈진의 경험은 슬픔, 우울, 좌절, 분노, 불쾌함 등과 같은 부정적 정서를 초래하게 된다.

나. 부정적 사고의 패턴
만성적인 탈진 상태는 모든 사물을 비관적 혹은 회의적 시각으로 바라보게 만든다.

다. 신체적 및 심리적 고갈 상태
신체적 혹은 정서적으로 지쳐 있어 무기력증에서 빠져나오기 힘들며, 몸과 마음이 쇠약해지는 현상이 일어난다.

라. 행동적 영향
자신의 수행력을 저하시키며, 극단적인 경우에는 과도한 약물이나 알코올 섭취에 의존하게 만든다.

마. 동기부여의 상실
탈진에 대한 반응으로 흥미, 열정 등 동기부여를 상실케 하여 지속적 참여에 부정적 영향을 주게 된다.

3. 스포츠 탈진의 측정

(1) 측정도구의 하위요인
Maslach(1982)는 한 개인의 탈진 상태를 측정하기 위해 분석을 통해 3가지의 하위요인을 도출하였다. 첫째, '정서적 고갈'은 정서적으로 지쳐 있는 상태를 측정한다. 둘째, '비인격화'는 자신의 주변인들에게 비인격적으로 대하고 있는지를 묻고 있다. 셋째, '개인적 성취감'은 자신이 얼마나 성취감을 느끼고 있는가를 측정하는 변인이다.

(2) 측정도구의 채점 방법과 문항

정서적 고갈(9문항)과 비인격화(5문항)는 점수가 높을수록 선수들의 탈진 상태가 높음을 의미하지만, 개인적 성취도(8문항)는 오히려 점수가 낮을수록 탈진 상태가 높음을 나타낸다. 따라서 본 측정도구는 3개의 하위요인 총 22개의 문항으로 구성되어 있다.

정서적 고갈 : 1, 2, 3, 6, 8, 13, 14, 16, 20(번)

비인격화 : 5, 10, 11, 15, 22(번)

개인적 성취도 : 4, 7, 9, 12, 17, 18, 19, 21(번)

(3) 스포츠 탈진의 설문지

아래의 항목을 참고하여 스포츠 탈진 설문지의 "빈도 부분"에 자신의 생각과 일치하는 번호를 기입해 주시기 바랍니다.

항목	0	1	2	3	4	5	6
얼마나 자주 경험했는가?	한 번도 없었다.	1년에 몇 번	1달에 1번	1달에 몇 번	1주일에 1번	1주일에 몇 번	매일

스포츠 탈진의 설문지	빈도
1. 운동으로 인해 정서적으로 메말라진 느낌이다.	
2. 훈련이 끝날 무렵에는 완전히 녹초가 된 느낌이다.	
3. 아침에 일어날 때와 연습하는 날에는 피곤하다.	
4. 팀 동료들이 훈련과 시합에 대해 어떠한 느낌을 갖는지 쉽게 이해한다.	
5. 나는 몇몇 동료들을 비인격적으로 대하는 것을 느낀다.	
6. 모든 훈련을 팀 동료들과 한다는 것은 정말 피곤하다.	
7. 시합을 하는 동안 겪게 되는 문제들을 매우 효과적으로 처리한다.	
8. 훈련과 시합으로 인해 탈진 상태가 되는 것을 느낀다.	
9. 내가 운동함으로써 내 주위 사람들에게 즐거움을 주는 것이다.	
10. 운동을 시작한 이후 다른 선수들에게 점차 무심해졌다.	
11. 운동하는 것이 정서적으로 나를 무감각하게 할까 봐 걱정된다.	
12. 나는 매우 활기차다고 느낀다.	
13. 나는 운동하는 것에 좌절을 느낀다.	
14. 너무 지나치게 운동에만 매달리는 것 같다.	
15. 팀 동료들에게 일어날 일에 대해 전혀 신경 쓰지 않는다.	
16. 다른 선수들을 상대로 시합하는 것이 나에게는 대단한 스트레스이다.	
17. 팀 동료들과 쉽게 편안한 분위기를 만들 수 있다.	
18. 팀 동료들과 연습을 하고 난 후에는 유쾌한 기분이 든다.	
19. 선수 생활을 하는 동안 매우 가치 있는 일들을 많이 성취했다.	
20. 운동을 그만두어야 할지 아니면 계속해야 할지 모르겠다.	
21. 시합이나 훈련에서 생기는 문제들을 매우 침착하게 처리한다.	
22. 팀 동료들이 자신들의 문제를 내 탓으로 돌려 나를 비난하는 것을 느낀다.	

출처 : Fender, L. K. (1989). Athlete burnout: Potential for research and intervention strategies. The Sport Psychologist, 3, 63-71. Maslach, C., & Jackson, S. E. (1982). Maslach burnout inventory research edition. Consulting Psychologists Press. 송우엽(1999). 청소년기 운동선수들의 탈진원인과 극복방안에 대한 연구. 성균관대학교 대학원 박사학위논문.

4. 스포츠 탈진의 예방법(interventions)

Goodger, Lavallee, Gorely와 Harwood(2007)는 최근 25년 동안 학계에 발표된 연구 자료들을 종합적으로 분석한 결과, 스포츠 현장에서 선수들의 탈진을 예방하는 방법을 아래와 같이 기술하였다.

가. 초기에 경고 사인을 식별(identify early warning signs)

탈진을 경험한 후 치료하는 것보다 애초에 그것을 예방하는 것이 더욱 효과적이다. 따라서 스포츠 지도자, 부모, 선수는 기대하는 것 이하로 선수의 경기력이 현저히 저하되는 경우가 길어질 때 탈진 정도를 유심히 살펴볼 필요가 있을 것이다. 왜냐하면, 통상적으로 경기력의 침체가 길게 계속되면 슬럼프(slump)에 빠지게 되어 탈진을 경험하게 될 가능성을 더욱 높이기 때문이다.

나. 선수들의 의사결정 과정에 참여(involve athletes in decision making)

시합이나 연습관련에 대해 선수들의 의사결정을 존중해야 한다. 의사결정 과정의 참여는 자신들의 생각과 의견을 적극적으로 반영하기 때문에 운동에 대한 동기수준을 높여 탈진을 예방할 수 있다. 특히 지도자와 선수 간의 효율적인 의사소통 방식은 선수들의 마음에 안정감을 줄뿐만 아니라 초기의 탈진 증상을 확인하는 데도 매우 유용하게 사용된다.

다. 휴식시간의 부여(schedule time-outs)

단기간의 목표 달성을 위해 선수가 너무 많은 양을 훈련하거나 충분한 휴식을 취하지 않는 것은 운동에 대한 탈진 가능성을 더욱 높인다. 스포츠 선수의 적절한 휴식시간은 운동에서 잠시 벗어나 잠시 몸과 마음을 재충전할 기회이므로 운동의 효율성 향상에 큰 도움을 주게 된다.

라. 지도자와 부모의 지원(coach and parent support)

스포츠 상황에서 선수와 밀접한 관계를 형성하고 있는 지도자와 부모는 선수를 위한 지속적인 관심과 지원을 아끼지 말아야 한다. 지도자와 부모의 정서적 지원은 선수들이 심리적 안정을 유지하고, 운동에 몰입할 수 있게 도움을 준다.

마. 재미있게 운동(make it fun-enjoyment is crucial)

승리에 대한 과도한 집착을 하거나 혹은 성공에 대한 강박관념에 얽매이는 것은 스트레스의 수준을 높이고 운동에 대한 흥미를 잃어버리게 만든다. 즉, 탈진은 운동에 대한 과도한 몰입에서 시작된다고 해도 과언이 아니다. 선수가 자신이 설정한 목표를 성취하기 위해 열심히 하는 것도 중요하지만 즐기면서 하는 것이야말로 운동의 지속성을 높이게 된다는 사실을 잊지 말아야 한다.

바. 시간과 생활양식의 관리(time and lifestyle management)

선수들의 삶에서 지나치게 운동에만 매달리는 생활양식은 몸과 마음을 빨리 지치게 만들어 탈진에 이르게 한다. 따라서 자신의 삶에서 운동에 대한 비중과 다른 부분을 효율적으로 배분하는 것은 탈진 예방에 도움이 된다.

제 5 장

목표 설정

목표의 개념 / 목표 설정의 원리 /
결과 목표와 수행 목표 / 실제로 목표 설정하기

1. 목표의 개념

    목표(goal)란 "개인이 의식적으로 얻고자 하는 사물이나 혹은 상태를 말하며, 장래 어떤 시점에 달성하려고 시도하는 것"을 의미한다(위키백과).

2. 목표 설정의 원리

    효율적인 목표 달성을 위한 목표 설정의 원리는 다음과 같이 제시되고 있다(이병기 외 8명, 2010).

(1) 구체적 목표의 설정

    목표를 설정하는 데 있어서 "골프를 잘 칠 것이다" 혹은 "최선을 다하자"라는 포괄적인 개념보다 좀 더 구체화된 "이번 상반기 시합에서는 평균 타수를 얼마 정도 줄이자"와 같은 수치화된 목표가 훈련을 하는데 도움이 된다.

(2) 현실적 목표의 설정

성취 가능한 현실적 목표의 설정이 중요하다. 예를 들면, 지나치게 쉬운 목표의 설정은 큰 어려움 없이 무난히 달성될 수 있기에 적은 노력만을 필요로 하며, 동기 부여도 크게 되지 않는다. 이는 개인의 발전에도 별로 도움이 되지 않는다. 그렇다고 해서 너무 어려운 목표의 설정은 달성하기 힘들뿐더러 실패했을 때 자신감을 잃어버리고 좌절감 등을 맛보게 된다. 따라서 최선의 노력을 통해 달성 가능한 현실적 목표를 세우는 것이 중요하다.

(3) 장·단기 목표의 설정

단기간의 목표와 장기간의 목표를 구분하여 설정하되 상호 연결성을 가지고 목표를 설정하는 것이 바람직하다. 예를 들어, 한 골프선수가 6개월 후에 코리안 투어의 참가라는 장기적 목표를 세웠다면 이번 달은 체력훈련과 스윙 교정을 중점을 두고, 그 다음 달에는 연습 라운드를 통해 평균 몇 타를 줄이겠다는 단기 목표를 설정해야 한다. 이렇듯 단기간의 목표가 달성이 되면 장기간의 목표도 함께 달성될 가능성이 비교적 높기 때문에 상호연결성이 있는 목표를 설정하는 것이 좋을 것이다.

(4) 긍정적인 목표의 설정

부정적인 목표를 줄이기 위한 설정은 될 수 있으면 피하는 것이 좋다. 즉, "게임을 할 때 미스 샷을 하지 말자"라는 목표보다는 "최상의 운동 수행을 위해 필요한 기술동작의 성공"에 대한 긍정적 목표를 설정해야 한다. 시합이나 연습 중에 선수가 부정적인 목표를 세우는 것은 실수에 대한 부담감을 더욱 가중시키기 때문이다.

(5) 목표의 평가

설정한 목표가 달성되었는지, 얼마 만에 달성되었는가의 여부를 평가하는 것은 중요한 일이다. 따라서 자신의 목표를 항상 기록하는 습관을 기르고, 평가를 통해 목표가 달성되었으면 다음 목표를 세우는 게 필요하다. 만약 목표가 달성되지 않았을 때 무엇이 문제인지 고려해 봐야 한다.

3. 결과 목표와 수행 목표

결과 목표(outcome goal)는 수행의 결과에 대해 초점을 맞추는 목표의 유형이다. 예를 들면, '국가대표에 선발되는 것', '이번 시합에서 입상을 하는 것' 등을 들 수 있다. 반면에 수행 목표(performance goal)는 운동의 경기력 향상에 초점을 맞추는 것으로 '페어웨이 안착률(%)', '그린 적중률(%)'의 향상을 목표를 두는 것에 차이가 있다.

4. 실제로 목표 설정하기

(1) 결과 목표와 과정 목표 세우기

① 결과 목표를 세워보자.
가장 가까운 미래에 있을 경기를 선정하고, 도전적이지만 현실 가능한 결과 목표(우승, 랭킹, 점수 등)를 써본다.

② 결과 목표를 성취하기 위한 과정 목표를 세워보자.
①에서 세운 결과 목표를 성취할 가능성을 높일 수 있는 방법은 무엇일까? 경기에서 바로 위에 설정한 목표를 성취하기 위해 내가 할 수 있는 3가지 행동을 적어본다.

Ⓐ 나는 _____ 하겠다.

Ⓑ 나는 _____ 하겠다.

Ⓒ 나는 _____ 하겠다.

> 예) 나는 경기 스타트 지점에서 긴장을 풀겠다.

③ 훈련에서 과정 목표를 연습해보자.
지금부터 경기가 시작되기 전까지 2)에서 세운 과정 목표를 성취하기 위해 훈련에서 무엇을 할 수 있을까? 경기에서 내가 행동하고자 하는 과정 목표를 달성하기 위해 내가 초점을 두어야 할 두 가지 전략을 개발하고 써보자.

Ⓐ 훈련에서 나는 _____ 하겠다.

> 예) 나는 훈련에서 스타트할 때 심호흡 2회 하겠다.

Ⓑ 훈련에서 나는 _____ 하겠다.

④ 나를 위한 보상과 처벌을 만들어보자.

실행하지 않으면 목표는 절대로 성취될 수 없다. 더욱 확실하게 결과 목표를 성취하기 위한 과정 목표를 실행하게 하기 위해 훈련에서 과정 목표를 성취했을 때 나에게 주는 보상과 그렇지 못했을 때 나에게 주는 처벌을 만들어보자.

Ⓐ 만일 내가 훈련에서 과정 목표를 실행하면, 나에게 _____ 을 선물하겠다.

Ⓑ 만일 내가 훈련에서 과정 목표를 실행하지 못하면, 나는 _____ 해야 한다.

> 예) 보상은 나 자신을 위한 선물(운동화), 처벌은 아침에 30분 더 일찍 일어나 새벽운동 하기

(2) 장기목표를 세운 후 단기목표를 세운다.

장기목표는 행동에 영향을 주는 단기목표가 설정되지 않으면 성취되기 어렵다. 다음은 장기목표를 성취하기 위한 단기목표 설정 방법이다.

① 올해 자신의 목표를 세워본다.

② ①의 목표를 성취하기 위해 갖추어야 할 능력을 적어본다

나는 _____

우리 _____

> 예) 완벽한 기술, 강인한 체력, 높은 자신감 등.

③ 자신에게 이러한 능력이 있나요?

☐ 예   ☐ 아니오

④ 만일 그렇지 않다면, 어떠한 능력을 더욱 연습해야 하는지 적어본다.

⑤ ④에 적은 능력을 향상시키기 위한 구체적인 방법을 적어본다.

⑥ 이러한 능력의 향상을 위해 이번 주에 내가 해야 할 목표를 설정해본다.

⑦ 이러한 능력의 향상을 위해 내일 내가 해야 할 목표를 설정해본다.

출처 : 황진 외 3명(2015). 스포츠 심리학(p.133-135).

REFERENCES

· 김광문, 송홍선, 김효중(2008). 엘리트 골퍼를 위한 파워트레이닝. 서울, 대한미디어
· 김승일, 박영진(1999). 시작에서 완성까지 골프. 서울 : 도서출판 산과들.
· 김승일, 김정주, 박영진, 이재문, 이태영, 임경빈, 최조연(2001). KPGA골프티칭매뉴얼. 서울, 두산동아
· 김현덕, 박영진, 박성진, 정정욱, 신홍범(2009). 완성된 골퍼를 위한 7가지 성공전략. 서울, 무지개출판사
· 박영진, 박성진, 홍건, 김현덕, 홍진수(2008). 코스공략법Ⅰ. 서울, 미래 엔 컬처그룹
· 박성진, 천우광, 김현덕(2014). 남자 프로골프선수들의 연령대별 유연성과 근력이 헤드스피드에 미치는 영향 코칭능력 개발지, 제 16권 3호 p143~148
· 박영진(2004). 골프시작에서 완성까지. 서울, 아카데미북
· 송우엽(1999). 청소년기 운동선수들의 탈진원인과 극복방안에 대한 연구. 미간행 박사학위논문, 성균관대학교 대학원.
· 유소연(2014). 운동선수의 완벽주의 성향에 따른 역경대처 방식 및 운동탈진과 경기력의 구조적 관계. 미간행 박사학위논문, 충남대학교 대학원.
· 은희관, 김상태, 김민현, 김용규, 이승민(2016). 스포츠지도사 시험 대비 : 스포츠 심리학. 서울 : 레인보우북스.
· 이병기, 구봉진, 김덕진, 김용규, 김주호, 강지훈, 김한별, 이준석, 김홍기(2010). 스포츠심리학plus+. 서울 : 대경북스.
· 이종우(2003). 복싱선수의 경쟁불안에 관한 연구. 미간행 석사학위논문, 경희대학교 대학원.
· 전매희, 곽은정(2007). 경기 지도자를 위한 스포츠 심리학. 서울 : 보경문화사.
· 정청희, 김병준(2009). 스포츠심리학의 이해. 서울 : 금광.
· 황진, 김상범, 김병준, 김영욱(2015). 스포츠 심리학:2급 지도사. 서울 : 대한미디어.
· Bois, J. E., Sarrazin, P. G., Southon, J., & Boiche, J. C. S. (2009). Psychological characteristics and their relation to performance professional golfers. The Sport Psychologist, 23, 252-270.
· Dyer, B. (2015). The controversy of sports technology: a systematic review. Springerplus, 4, 524.
· Eklund, R. C., & Cresswell, S. L. (2007). Athlete burnout. In G. Tenenbaum & R. C. Eklund (3rd ed.), Handbook of sport psychology (pp. 621–641). Hoboken, NJ: Wiley.
· Fender, L. K. (1989). Athlete burnout: Potential for research and intervention strategies. The Sport Psychologist, 3, 63-71.
· Gary wiren(1991). The PGA manual of golf. New York, Macmillan
· Goodger, K., Gorely, T., Lavallee, D., & Harwood, C. (2007). Burnout in sport: A systematic

review. The Sport Psychologists, 21, 127-151.
- Landers, D. L., & Arent, S. M. (2006). Arousal-performance relationships. In J. M. Williams (5th ed.), Applied sports psychology (pp. 260-284). Boston, MA: McGraw-Hill.
- Loland, S. (2002). Technology in sport: three ideal-typical views and their implications. European Journal of Sport Science, 2(1), 1-11.
- Loland, S. (2009). The ethics of performance enhancing technology in sport. Journal of the Philosophy of Sport, 36(2), 152-161
- Martens, R. (1977). Sport competition anxiety test. Champaign, IL: Human Kinetics.
- Martens, R. Burton, D., Vealey, R. Bump, L., & Smith, D. (1990a). The development of the Competitive State Anxiety Inventory-2 (CSAI-2). In R. Martens, R. S. Vealey, & D. Burton (Eds.), Competitive anxiety in sport (pp. 117-190). Champaign, IL: Human Kinetics.
- Martens, R., Vealey, R. S., & Burton, D. (1990b). Competitive anxiety in sport. Champaign, IL: Human Kinetics.
- Maslach, C. (1982). Burnout: The cost of caring. Englewood Cliffs. NJ: Prentice-Hall.
- Maslach, C., & Jackson, S. E. (1982). Maslach burnout inventory research edition. Consulting Psychologists Press.
- Peden, A. D. (2007). Managing performance anxiety in tennis. Victoria, BC, Canada: Trafford Publishing.
- Raedeke, T. D., & Smith, A. L. (2004). Coping resources and athlete burnout: An examination of stress mediated and moderation hypotheses. Journal of Sport and Exercise Psychology, 26, 525–541.
- Schaufeli, W. B., & Buunk, B. P. (2003) Burnout: An overview of 25 years of research and theorizing. In M. J., Schabracq, J. A. M., Winnubst, & C. L. Cooper (Eds.), Handbook of work and health psychology (pp. 383- 425). · Chichester: Wiley.
- Smith. R. E. (2007). Essential readings in sport and exercise psychology: Toward to a cognitive-affective model of athletic burnout. Champaign, IL: Human Kinetics.
- Vealey, R. S. (1986). Conceptualization of sport-confidence and competitive orientation: Preliminary investigation and instrument development. Journal of Sport Psychology, 8, 221-246.
- Weinberg, R. S., & Gould, D. (1995). Foundations of sport and exercise psychology. Champaign, IL: Human Kinetics.
- Weinberg, R. S., & Gould, D. (2007). Foundations of sport and exercise psychology (4th Ed.). Champaign, IL: Human Kinetics.